CORNELIUS BOHL

Auf den Geschmack des Lebens kommen

Franziskanische Alltags-Spiritualität

Franziskanische Akzente
Für ein gottverbundenes und engagiertes Leben
Herausgegeben von Mirjam Schambeck sf und
Helmut Schlegel ofm
Band 4

Die Suche der Menschen nach Sinn und Glück ernst nehmen und Impulse geben für ein geistliches, schöpfungsfreundliches und sozial engagiertes Leben – das ist das Anliegen der Reihe *„Franziskanische Akzente"*.

In ihr zeigen Autorinnen und Autoren, wie Leben heute gelingen kann. Auf der Basis des Evangeliums und mit Blick auf die Fragen der Gegenwart legen sie Wert auf die typisch franziskanischen Akzente:

Achtung der Menschenwürde,
Bewahrung der Schöpfung,
Reform der Kirche und
gerechte Strukturen in der Gesellschaft.

In lebensnaher und zeitgerechter Sprache geben sie auf Fragen von heute ehrliche Antworten und sprechen darin Gläubige wie Andersdenkende, Skeptiker wie Fragende an.

CORNELIUS BOHL

Auf den Geschmack des Lebens kommen

Franziskanische Alltags-Spiritualität

echter

Herzlicher Dank geht an Clemens Wagner für die fachkundige und äußerst versierte Unterstützung bei den Korrekturarbeiten sowie an die Deutsche Franziskanerprovinz mit Sitz in München.

Bibliografische Information der Deutschen Nationalbibliothek

Die Deutsche Nationalbibliothek verzeichnet diese Publikation in der Deutschen Nationalbibliografie; detaillierte bibliografische Daten sind im Internet über http://dnb.d-nb.de abrufbar.

Gedruckt auf umweltfreundlichem, chlorfrei gebleichtem Papier.

4. Auflage 2026

in der Bonifatius GmbH
Echter Verlag | Dominikanerplatz 8 | 97070 Würzburg
Tel. 0931 66068-0 | info@echter-verlag.de | www.echter.de

Umschlag: wunderlichundweigand.de
(Foto: © Zoonar RF / thinkstock.com)
Satz: Hain-Team (www.hain-team.de)
Druck und Bindung: Druckerei Pustet, Regensburg

ISBN
978-3-429-03751-2 (Print)
978-3-429-04778-8 (PDF)
978-3-429-06193-7 (ePub)

Inhalt

1. Ein Bild zu Beginn: Stummes zum Klingen bringen

Ein Bild sagt oft mehr als viele Worte. Auch Franz von Assisi kommt uns aus dem fernen Mittelalter in Bildern entgegen, die noch heute unmittelbar anrühren. So greifen zeitgenössische Franziskus-Darstellungen gerne ein Motiv auf, das man in den mittelalterlichen Freskenzyklen vergeblich sucht: Franziskus, der mit einem toten Ast musiziert. Die dahinterstehende Geschichte hat uns sein erster Biograph Thomas von Celano überliefert. Dabei verlangt er dem modernen Leser durchaus Geduld ab, um durch seine fremd gewordene Sprache hindurch zu verstehen, worum es geht: „Wenn der Geist in seinem Innern in süßer Melodie aufwallte, gab er ihr in einem französischen Lied Ausdruck, und der Hauch des göttlichen Flüsterns, den sein Ohr heimlich empfangen hatte, brach in einen französischen Jubelgesang aus. Manchmal hob er auch, wie ich mit eigenen Augen gesehen habe, ein Holz vom Boden auf und legte es über seinen linken Arm, nahm dann einen kleinen, mit Faden bespannten Bogen in seine Rechte und führte ihn über das Holz wie über eine Geige. Dazu führte er entsprechende Bewegungen aus und sang in französischer Sprache vom Herrn“ [2 C 127 (FQ, 379)].

Äste liegen überall im Wald herum. Das ist normal und alltäglich, nichts Außergewöhnliches, es fällt nicht besonders auf. Sie waren einmal frisch und lebendig. Nun sind sie abgebrochen, abgestorben, tot. Sie erinnern also auch an vertrocknete Beziehungen, verbrauchte Lebensenergie, verstummte Kommunikation. Sie sind Symbole für die harten Realitäten, das brutal Faktische in Welt, Gesellschaft und im eigenen Leben, das halt so ist, wie es ist, und an dem man nichts ändern kann. Das Bild des Heiligen, der zwei stumme, tote Hölzer wie eine Geige führt und dabei zu singen und zu tanzen anfängt, provoziert. Und es weckt zugleich Sehnsüchte. Wenn das gelingen könnte: im Alltäglichen und Normalen eine Melodie entdecken, die beschwingt und in Bewegung bringt; Abgestorbenes so anfassen, dass es wieder lebendig wird; mit Dürrem so umgehen, dass es wieder Hoffnung treibt; Verstummtes zum Klingen bringen und dabei selbst ins Tanzen kommen.

So etwas kann geschehen, wo „unser Ohr heimlich den Hauch göttlichen Flüsterns empfängt“, wo Gott uns anrührt.

Franziskus, der einem toten und trockenen Stück Holz, das er zufällig findet, eine mitreißende Musik entlockt und zu singen und zu tanzen anfängt, ist das hoffnungsvolle Bild einer gelungenen Alltags-Spiritualität. Es lädt dazu ein, sich mit dem Mann aus Assisi auf die Suche nach einer solchen Spiritualität zu machen.

2. Alltags-Spiritualität – Was ist das?

Daraus kann ich wirklich leben!

„Es gibt drei Formen von Realität – Speck, Geld und Sex! Alles andere ist Spiritualität!" Dieser Satz bringt provozierend auf den Punkt, was viele Menschen erfahren: Da gibt es auf der einen Seite die harte Wirklichkeit unseres Lebens. Da muss man scheinbar gar nicht mehr diskutieren und nichts entscheiden. Sie bestimmt einfach unseren Alltag. Wer sich den facts beugt, gilt als Realist und geerdeter Pragmatiker. Ihr gegenüber wirkt „Spiritualität" leicht wie ein Überbau, der mit der Alltagswirklichkeit wenig zu tun hat, etwas für leichtfüßig naive Träumer, die man nicht ganz ernst nehmen muss.

Für einen Christen bezeichnet „Spiritualität" ein Leben aus der Kraft des „Spiritus Sanctus", aus dem Geist Gottes, dem Geist Jesu Christi. Natürlich gibt es andere Geister. „Erst kommt das Fressen, dann kommt die Moral" – auch aus diesem Satz aus der Dreigroschenoper von Bertold Brecht spricht ein bestimmter Geist, auch dahinter steckt eine Form von „Spiritualität". Er fällt bezeichnenderweise in der „Ballade über die Frage: Wovon lebt der Mensch?" Irgendwovon lebt jeder Mensch. Irgendwoher bezieht jeder Mensch die entscheidenden Impulse für sein Tun. Meine bewussten oder unbewussten Motivationen und Ziele, die Ängste und Hoffnungen, die mein Denken, Fühlen und Handeln bestimmen, verweisen auf den Geist, aus dem ich lebe. „Traut nicht jedem Geist, sondern prüft die Geister, ob sie aus Gott sind", mahnt der erste Johannesbrief (1 Joh 4,1). Die Spiritualität eines Menschen ist der Geist, aus dem er lebt. Sie zeigt sich darin, wie er sich und die Welt wahrnimmt und damit umgeht.

Echte Spiritualität ist also niemals ein Überbau. Etwas, was von außen dazukommt und darum auch fehlen könnte. Das luxuriöse Sahnehäubchen, das sich sowieso nur die leisten können, die nicht Tag für Tag im (Über-)Lebenskampf stehen. Eine Spielwiese für die aussterbende Spezies der religiös Hochbegabten. Eine wirkliche Spiritualität wird sich als tragfähiges Fundament erweisen, als lebendige Quelle, die mich immer neu „in-spiriert". Sie eröffnet mir einen kreativen Freiraum gegenüber den scheinbar alles dominierenden facts: Ich bin ihnen nicht hilflos ausgeliefert. Ich kann gestalten. Wir leben zwar alle in derselben Wirklichkeit. Aber wir können sie ganz unterschiedlich deuten und unterschiedlich damit umgehen.

Jede Spiritualität muss sich daran messen lassen, ob sie praxis- und gegenwartstauglich ist. Wenn sie den Stresstest des Alltags nicht aushält und bestimmte Bereiche meiner Wirklichkeit ausklammert, weil sie damit nicht zurechtkommt, oder wenn sie mir nicht wirklich neue Freiräume und Gestaltungsmöglichkeiten eröffnet, kann ich sie getrost vergessen.

Darum ist Spiritualität so ziemlich genau das Gegenteil einer Ideologie. Eine Ideologie wird eingehämmert. Ich muss sie „glauben". Eine Spiritualität dagegen kann ich entdecken, ausprobieren und weiterentwickeln. Wenn ich sie lebe, erfahre ich, wie sie sich bewährt und trägt. Ideologien engen ein, Spiritualität macht weit. Ideologien brauchen Scheuklappen, Spiritualität öffnet die Augen. Ideologie biegt Wirklichkeit zurecht, Spiritualität entdeckt sie immer mehr.

„Einigen Künstlern geht es, wenn sie die Welt betrachten, wie vielen Philosophen. Bei der Bemühung um die Form geht der Stoff verloren. Ich arbeitete einmal bei einem Gärtner. Er händigte mir eine Gartenschere aus und hieß mich einen Lorbeerbaum beschneiden. Der Baum stand in einem Topf und wurde zu Festlichkeiten ausgeliehen. Dazu musste er die Form einer Kugel haben. Ich begann sogleich mit dem Abschneiden der wilden Triebe, aber wie sehr ich mich auch mühte, die Kugelform zu erreichen, es wollte mir lange nicht gelingen. Einmal hatte ich auf der einen, einmal auf der anderen Seite zuviel weggestutzt. Als es endlich eine Kugel geworden war, war die Kugel sehr klein. Der Gärtner sagte enttäuscht: ‚Gut, das ist die Kugel, aber wo ist der Lorbeer?'"[1] Was Bertold Brecht in dieser Geschichte von Herrn Keuner an Künstlern und Philosophen kritisiert, weist auch auf eine spirituelle Falle hin: Die Wirklichkeit wird so lange zurechtgestutzt, bis sie einer von außen kommenden Vorgabe entspricht. Dann stimmt vielleicht die äußere Form, aber sie ist künstlich, unecht, verkrampft. Spiritualität will Leben formen, indem sie die Wirklichkeit von innen her durchdringt. Ein frommes Korsett nimmt die Wirklichkeit nicht ernst und vergewaltigt sie. Spiritualität ist eine Form von Lebenstüchtigkeit, nicht Flucht vor der Wirklichkeit. Sie will Wirklichkeit immer mehr zulassen, nicht vermeiden. Die franziskanische Spiritualität braucht diesen Praxistest nicht zu fürchten.

Der Herr ist hier – und ich wusste es nicht!

Die Bibel erklärt nicht theoretisch, was Spiritualität bedeutet. Sie erzählt anschauliche Geschichten, wie Menschen Gott begegnen und aus der Beziehung zu ihm die Welt anschauen und ihr Leben gestalten.

Da ist zum Beispiel Jakob. Er ist auf der Flucht vor seinem Bruder Esau. Irgendwo am Wegrand schläft er erschöpft ein. Im Traum sieht er eine Leiter, die Himmel und Erde verbindet. Er erfährt sich in lebendigem Kontakt mit Gott, der ihm Land und Nachkommenschaft und damit Zukunft verspricht: „Ich bin mit dir, ich behüte dich, wohin du auch gehst" (Gen 28,15). Gehetzt, auf der Flucht, voller Angst, todmüde, ohne Perspektive – das ist der Raum, in dem er Gott begegnet! „Wirklich, der Herr ist an diesem Ort, und ich wusste es nicht" (Gen 28,16).

Wer aus dem Geist Gottes lebt, wird diesen Gott überall erfahren. Gott wohnt nicht nur am heiligen Ort, wo man ihn erwartet. Er kann ganz unerwartet begegnen, auch da, wo ich am wenigsten mit ihm gerechnet hätte. Jeder Ort und jede Zeit können Raum Gottes sein. Die Bibel wird nicht müde, das in immer neuen Geschichten zu erzählen: Die Sklavin Hagar wird mit ihrem Sohn von Abraham verstoßen – und trifft mitten in der Wüste auf den Engel, der ihr Zukunft verheißt (vgl. Gen 21,9–21). Der lebensmüde Elija, der unter dem Ginsterstrauch am liebsten für immer einschlafen würde, begegnet genau dort dem Engel, der ihm Brot und Wasser bringt und ihn erneut auf den Weg schickt (vgl. 1 Kön 19,1–8). Das Volk Israel, das sich in der babylonischen Gefangenschaft ohne Tempel, ohne Opferkult und ohne Priester von Gott verlassen fühlt, erfährt erstaunt, dass Gott ihm auch dort in der Fremde Propheten erweckt. Sie alle können sagen: Mein Gott, du bist ja da – und ich wusste es nicht!

Spirituell leben heißt nicht, Gott erst irgendwie in mein Leben hineinbringen. Er ist immer schon da. Er wartet dort schon längst auf mich. Es kommt darauf an, die Augen und das Herz weit aufzumachen, um ihn zu entdecken. Seit Jesus in einer Krippe außerhalb der Stadt geboren und außerhalb der Stadt, mitten unter Verbrechern, hingerichtet wurde, gibt es keinen Ort mehr, der gottlos wäre. Spiritualität ist nicht (nur) der Aufstieg der Seele zu Gott, so schön dieses Bild auch ist. Spiritualität ist vor allem der Abstieg Gottes zu uns, die überraschende Erfahrung, dass er zu uns herunterkommt, alltäglich wird, klein und „normal". Auch die Berufung der Jünger ereignet sich im Alltag, beim Fischfang, als sie ihre Netze richten (vgl. Mt 4,18–22), oder im Zollbüro (vgl. Mt 9,9). Und noch der Auferstandene gibt sich während der alltäglichen Arbeit, ja in der Vergeblichkeit des Gewöhnlichen zu erfahren (vgl. Joh 21,1–14).

Ich finde Gott – und ich finde mich!

Christliche Spiritualität hat immer zwei Pole: Es geht um Gott – und es geht um mich. Es geht um Gott. Darum erschöpft sich spirituelles Leben nicht in frommen Übungen, auch wenn ich sie noch so überzeugt und eifrig praktiziere. Natürlich ist es wichtig, dass ich an mir arbeite, meinem Alltag eine Ordnung gebe, bestimmte Gebetsformen pflege. Aber es besteht immer die Gefahr, dass all das nur mein eigenes Tun ist, mit dem ich um mich selbst kreise und letztlich in mir gefangen bleibe. Christliche Spiritualität ist wesentlich und vor allem ein Tun Gottes: *Er* begegnet mir, *er* macht etwas mit mir, *er* beschenkt mich, *er* tröstet mich, *er* fordert mich heraus, *er* sendet mich. Es geht also immer um Gott! Aber natürlich darf es andererseits auch nicht um Gott allein gehen. Spiritualität hat stets mit mir zu tun: *Ich* werde von Gott angerührt und angesprochen. *Ich* spüre, wie er etwas mit mir macht. An *mir* hat Gott Interesse. Es geht ihm tatsächlich um *mich*. Gott bringt mich zu mir selbst. Spirituelles Leben ist nur dann gesund, wenn ich Gott finde und wenn ich zugleich mich finde.

Als Mensch erfahre ich mich selbst wesentlich in der Beziehung zum Du, zum Du des Nächsten und zum Du Gottes. Mein Ich erwacht erst am Du. „Du“ sagen können und „Ich“ sagen können, das ist die doppelte Freude des Menschseins. Es gibt allerdings verzerrte Formen christlicher Spiritualität, die jede Beschäftigung mit dem Ich sogleich als Form von Egoismus abtun. Eine solche Ich-Vergessenheit aber ist geistlich ungesund. Natürlich geht es nicht um einen Ego-Kult auf Kosten des anderen. Aber es geht um Ich-Werdung in der Beziehung zum Du Gottes: Gott hat mich gewollt und geschaffen nach seinem Bild. Ich trage die Züge Gottes (vgl. Gen 1,26f.)! Gott wohnt in mir (vgl. z.B. Joh 14,23; 15,4; Gal 2,20). Ich selbst, mein Leib, meine Geschichte, meine Beziehungen sind ein Tempel seines Geistes, wie es Paulus einmal sagt (vgl. 1 Kor 6,19). Er hat einen Plan mit mir. Ich darf immer mehr der oder die werden, der oder die ich in seinen Augen schon bin. Diese Art von Selbstverwirklichung, von Beschäftigung mit mir selbst gehört ebenso ins Zentrum christlicher Spiritualität wie die Zuwendung zu Gott und zum Nächsten. Die Begegnung mit Gott, die Begegnung mit dem anderen und die Begegnung mit mir selbst bilden eine einzige geistliche Wirklichkeit.

Die spirituelle Tradition hat den tiefen Zusammenhang zwischen Selbsterkenntnis und Gotteserkenntnis immer gesehen. „Die wichtigste Erkenntnis besteht darin, sich selbst zu erkennen; denn wenn sich jemand selbst erkennt, dann wird er Gott erkennen“, sagt Clemens von Alexandrien. Und Bernhard von Clairvaux meint: „Erkenne dich, weil du mein Bild bist, und so wirst du mich erkennen, dessen Bild es ist. Bei dir wirst du mich finden.“ Die Begegnung mit sich selbst führt zu Gott. Und umgekehrt finde ich in der Begegnung mit Gott auch mich selbst: „Lasst uns nur unaufhaltsam um die Erkenntnis Gottes ringen, denn dadurch wird uns die echteste Erkenntnis von uns selbst erwachsen“, so Teresa von Avila.

3. Franziskanische Alltags-Spiritualität – Wie geht das?

Wenn jede echte Spiritualität das Ziel hat, mich selbst und Gott zu finden, dann muss auch eine franziskanische Spiritualität mehr sein als die Beschäftigung mit der Person des Franz von Assisi. Das tun auch die Historiker. Franziskanische Spiritualität soll mir helfen, gerade im Blick auf Franziskus mich und Gott besser zu erkennen und meine Beziehungen neu zu gestalten. Wie dies aussehen kann, illustriert sehr schön eine Geschichte aus der Anfangszeit der franziskanischen Bewegung, als Franziskus mit Bernhard von Quintavalle einen ersten Bruder gefunden hat:

„Als Herr Bernhard sein Vermögen den Armen austeilte, war auch der selige Franziskus zugegen. Da kam auch ein gewisser Priester namens Silvester, von dem der selige Franziskus Steine für die Wiederherstellung der Kirche San Damiano gekauft hatte. Und als Silvester sah, wie auf den Rat des Mannes Gottes hin das ganze Geld ausgegeben wurde, entbrannte in ihm die Habsucht, und er sagte zu ihm: ‚Franziskus, du hast mir für die Steine, die du von mir gekauft hast, nicht genug bezahlt.‘ Als der Verächter der Geldgier jenen zu Unrecht murren hörte, ging er zu Herrn Bernhard hin, griff mit der Hand in dessen Mantel, wo das Geld war, und zog mit großer Geistesglut eine Handvoll Geldstücke heraus und gab sie dem murrenden Priester. Er holte noch einmal eine Handvoll Geld heraus und sagte dann zu ihm: ‚Hast du jetzt die volle Bezahlung, Herr Priester?' ,Ja, ich habe sie, Bruder', antwortete er und kehrte zufrieden mit dem so erhaltenen Geld in sein Haus zurück. Nach wenigen Tagen aber begann derselbe Priester auf des Herrn Eingebung hin über das, was der selige Franziskus getan hatte, nachzudenken und sagte bei sich: ,Bin ich nicht ein jämmerlicher Mensch? Obwohl ich schon alt bin, begehre und suche ich Irdisches; und dieser junge Mann verachtet und verschmäht es um der Liebe Gottes willen?' Und so begann er, Gott zu fürchten und in seinem Haus Buße zu tun. Schließlich trat er nach kurzer Zeit in den schon gegründeten Orden ein, in dem er ein tugendhaftes Leben führte und es glorreich beendete" [Gef 30f. (FQ, 629)].

Als Silvester Franziskus kennenlernt, lernt er auch sich selbst neu kennen („Bin ich nicht ein jämmerlicher Mensch?"). Die Begegnung mit ihm führt ihn in eine neue, unmittelbare Gottesbeziehung („er beginnt, Gott zu fürchten") und zu einer Lebenswende (er tut „Buße"). Im Zusammensein mit Franziskus erfährt er: Es geht eigentlich nicht um Franziskus. Es geht um Gott und es geht um mich und um meine Beziehung zu den anderen. Franziskus hilft ihm, sich selbst und Gott neu zu finden.

Was aber ist ein typisch franziskanischer Impuls, der diesen Prozess in Gang setzen kann, auch heute und auch bei mir? Wie geht franziskanische Alltags-Spiritualität konkret?

Ein einzelnes Ereignis im Leben eines Menschen kann die entscheidenden Weichen für die Zukunft stellen. Schlüsselerfahrungen bestimmen oft den gesamten weiteren Weg. Auch bei Franz von Assisi gibt es solch eine alles entscheidende spirituelle Grunderfahrung. Er selbst berichtet darüber rückblickend in seinem Testament. Sie hat äußerlich gesehen nichts Frommes an sich, ereignet sich nicht während des Gebets und spielt sich auch nicht in einer Kirche ab. Es ist eine Begegnung unterwegs, nicht nur ungesucht und ungewollt, sondern auch ausgesprochen unangenehm:

„So hat der Herr mir, dem Bruder Franziskus, gegeben, das Leben der Buße zu beginnen: denn als ich in Sünden war, kam es mir sehr bitter vor, Aussätzige zu sehen. Und der Herr selbst hat mich unter sie geführt, und ich habe ihnen Barmherzigkeit erwiesen. Und da ich fortging von ihnen, wurde mir das, was mir bitter vorkam, in Süßigkeit der Seele und des Leibes verwandelt. Und danach hielt ich eine Weile inne und verließ die Welt" [Test 1–3 (FQ, 59)].

Das ist ein Spitzentext franziskanischer Alltags-Spiritualität. So wie in einem Samenkorn bereits ein ganzer Baum voller Blüten und Früchte steckt, so enthält für Franziskus dieses Schlüsselereignis am Anfang seines Weges Erfahrungen und Impulse, die sein gesamtes weiteres Leben bestimmen und sich dort entfalten werden. Es lohnt sich, diesen Text näher anzuschauen.

Sich wandeln

Kann ich mich ändern? Das ist eine der entscheidendsten Fragen überhaupt im Leben und im geistlichen Leben erst recht. Für uns Christen gehört die Notwendigkeit von Veränderung zum Zentrum des Glaubens. Jesus beginnt seine Tätigkeit mit dem Ruf zur Umkehr: „Kehrt um!" (Mk 1,15). Ändert euch! Geht andere Wege! „Metanoeite“, sagt der griechische Text, das heißt wörtlich: Denkt um! Gebt bisherige Interpretationsmuster auf! Seht alles aus einer neuen Perspektive! Wenn Jesus Menschen in seine Nachfolge ruft, dann verlangt er von ihnen nicht einfach, moralisch ein klein wenig anständiger zu werden. Es ist vielmehr eine radikale Einladung, das Bisherige aufzugeben und etwas völlig Neues anzufangen. Paulus gebraucht dafür später das Bild von der neuen Schöpfung (vgl. 2 Kor 5,17). Ähnlich fordert der Epheserbrief auf, den alten Menschen abzulegen und den neuen Menschen anzuziehen (vgl. Eph 4,22 ff.).

Jesus redet aber nicht nur von Veränderung. Er ist selbst ein radikal neuer Anfang. Daran erinnern im Lauf eines Jahres immer neu die großen liturgischen Feste. Weihnachten: Gott wird Mensch, mitten auf der Erde öffnet sich der Himmel. Gott und Mensch, Himmel und Erde – das geht nicht zusammen. Das eine schließt das andere aus! Weihnachten ist darum wirklich ein provozierendes Fest, weil da zusammenkommt, was im unmittelbaren Empfinden nicht zusammengehört: Gott begegnet in einem Menschen. Der Mensch ist berufen, am Leben Gottes teilzuhaben. Radikaler kann Veränderung nicht gedacht werden. Oder Ostern: Leiden führt zur Freude, aus dem Tod kommt das Leben, das Ende wird zum Anfang. Mehr Neuwerden geht nicht! Schließlich Pfingsten: Gottes Geist macht aus verängstigten Jüngern mutige Zeugen, eine in viele Sprachen zerfallene Welt erlebt sich als neue Kommunikationsgemeinschaft.

Aber auch die Sakramente bewirken und feiern Veränderung. Die Eucharistie ist die zentrale Wandlung: Ein Bissen Brot, „Frucht der Erde und der menschlichen Arbeit“, wie es in der Liturgie heißt, ein Stück Welt also und ein Stück von uns, wird zur Gegenwart Christi. Da geschieht Wandlung in kosmischen Dimensionen! Die Taufe ist Wiedergeburt, verwandelt den alten in einen neuen Menschen. Das Sakrament der Versöhnung bringt den entfremdeten Sünder heim zu sich und zu Gott.

Diese im Kult behauptete und gefeierte Wandlung ist provozierend in einem Umfeld, das uns nur zu oft sagt: Müh dich nicht ab, du kannst doch nichts ändern! Da scheint das Buch Kohelet tatsächlich recht zu haben: „Es gibt nichts Neues unter der Sonne. Zwar gibt es bisweilen ein Ding, von dem es heißt: Sieh dir das an, das ist etwas Neues – aber auch das gab es schon in den Zeiten, die vor uns gewesen sind" (Koh 1,10). Als junger Mensch habe ich vielleicht das Gefühl, ich könne mich selbst völlig neu entwerfen und mein Leben nach eigenen Vorstellungen gestalten wie einen Klumpen Ton in meinen Händen. Je älter ich aber werde, umso unmissverständlicher wird mir bewusst, wie konditioniert und festgelegt ich bin. Meine körperliche und psychische Grundverfassung, die Geschichte meiner Familie, meine bisherigen Erfahrungen prägen mich so sehr, dass ich da gar nicht mehr herauskomme. Bestimmte Muster wiederholen sich mit beängstigender Konsequenz. Ich tappe immer wieder in die gleichen Fallen. Vergangenheit holt mich unweigerlich ein. Deshalb muss ich mich fragen: Kann ich als Christ den Ruf Jesu zur Umkehr ernst nehmen und in den Sakramenten Wandlung als bereits eingetretene Wirklichkeit feiern, wenn ich das nicht auch irgendwie in meinem Alltag erlebe? Wenn ich Wandlung in meinem Leben ausschließe, darf ich eigentlich nicht mehr Eucharistie feiern.

Franziskus spricht in seinem Testament nicht theoretisch vom Neuwerden. Er hat konkret erlebt, wie bei ihm tatsächlich etwas Neues begonnen hat. Vorher lebte er „in Sünden“. Das heißt nicht, dass er ein moralisch verkommener Mensch gewesen wäre. Aber er lebte, „als ob es Christus nicht gäbe“ (so übersetzt das Niklaus Kuster in Anlehnung an Raoul Manselli). Und das, obwohl er getauft und christlich sozialisiert war und sicher regelmäßig den Gottesdienst besuchte. Das gibt es: Ein äußerlich „christliches“ Leben, in dem Gott nicht wirklich vorkommt. Dann aber beginnt das „Leben der Buße“, ein neues Leben mit neuen Maßstäben und neuen Wertvorstellungen. Franziskus nimmt Wirklichkeit plötzlich anders wahr und erlebt sich selbst anders als vorher. Bisher „Bitteres“ ist ihm „süß“ geworden. Umkehr und „Buße“ werden von da an die durchgehende Grundmelodie in seiner Biographie bleiben. „Wir sind Büßer“, antworten die ersten Brüder, als sie gefragt werden, welchem Orden sie angehören [AP 19 (FQ, 586); Gef 37 (FQ, 632)]. Umkehrleute sind sie, Verwandelte, neue Menschen.

Das klingt schön. Zu schön? Spiritualität darf nicht naiv sein. Die Frage bleibt: Gibt es wirklich Umkehr? Wie kann ich Wandlung erfahren?

Aus dem, was ist, wird etwas Neues. Im Märchen ändert sich oft mit einer bestimmten Formel von einem Augenblick auf den anderen alles. Das Bisherige verschwindet einfach, das Neue ist plötzlich da, fällt sozusagen vom Himmel. Im wirklichen Leben funktioniert das nicht. Im Glauben auch nicht. Glaube ist keine Magie. Nicht umsonst taucht im spirituellen Vokabular immer wieder der Begriff „Wandlung“ auf. Wandlung aber beinhaltet Kontinuität und Veränderung zugleich. Etwas bleibt und wird doch anders, neu – eben verwandelt. Wie in der Eucharistie: Brot und Wein bleiben da, werden aber verwandelt, so dass sie dann etwas ganz Anderes sind, nämlich Leib und Blut Christi. Das meint der alte Begriff der Transsubstantiation. Die Akzidentien bleiben, das Äußere, das Material, Farbe, Form und Geschmack, aber das Wesen wandelt sich, die Substanz. Wir können das nur mit paradoxen Formulierungen ausdrücken: Das Brot ist dann kein Brot mehr. Das Brot ist verwandelt. Auch in meinem Leben wird sich Wandlung auf diese Weise vollziehen. Ich bleibe ich, hoffentlich. Meine bisherige Identität wird nicht aufgehoben oder ersetzt. Aber verwandelt.

Wandlung von innen her. Jesus gebraucht für diese Erfahrung die Bilder vom Sauerteig, vom Salz und vom Licht. Der Sauerteig, das Salz oder das Licht ersetzen die vorhandene Wirklichkeit nicht, aber sie verwandeln sie: Das Mehl der Wirklichkeit bleibt, aber es wird durch den Sauerteig in Bewegung gebracht (vgl. Lk 13,20 f.). Die Speise des Alltags bleibt, aber sie bekommt durch das Salz einen ganz neuen Geschmack. Auch die Dunkelheiten des Lebens bleiben, sie werden nicht einfach aufgehoben, aber sie werden erleuchtet, begehbar, geben Neues zu erkennen (vgl. Mt 5,13–16). Die äußeren Umstände meines Lebens ändern sich nicht – aber sie wandeln sich für mich, weil in ihnen etwas in Bewegung kommt, weil ich plötzlich wieder Geschmack am Leben finde und Licht sehe.

Wachsen. Jesus gebraucht oft Bilder, die um das Wachstum kreisen, etwa in den Gleichnissen vom Sämann (Mk 4,1–9), von der selbstwachsenden Saat (Mk 4,26–29) oder vom Senfkorn (Mk 4,30–32). Da ist schon etwas da – klein vielleicht, unscheinbar, manchmal auch verdeckt. Aber es kann wachsen, sich entfalten, mehr und stärker Wirklichkeit werden. Was will in mir wachsen? Vielleicht gibt es auch bei mir Anlagen, die schon da sind, aber sich noch nicht voll entfaltet haben. Kann ich Bedingungen schaffen, die ihr Wachstum fördern? Welche Dornen auf meinem Lebensacker muss ich beseitigen, welche Hindernisse wegräumen, damit Wirklichkeit werden kann, was bisher noch nicht zum Zug kam?

Anders sehen. Jemand sagt das schon einmal im Gespräch: „Das sehe ich aber anders!" Oder ich selbst merke im Rückblick, dass ich heute manches anders sehe als noch vor einiger Zeit. Auch hier ist äußerlich die Situation gleich geblieben. Aber weil ich etwas anders sehe, ist es für mich auch anders geworden. Eine neue Perspektive verändert, verwandelt. Ein bekanntes Gebäude, ein Berg zeigt aus einem veränderten Blickwinkel ein neues Gesicht. Ich meine, jemanden gut zu kennen, habe ihn vielleicht schon längst in Schubladen eingeordnet und abgeschrieben. Und doch kann ich plötzlich mit ihm eine neue Erfahrung machen. Ich erlebe ihn von einer anderen Seite, entdecke an ihm neue Seiten, sehe ihn mit neuen Augen. Er hat sich nicht völlig geändert, aber unsere Beziehung ist verwandelt.

Das gilt auch für meine Beziehung zu Gott. Wie kann sich mein Leben ändern, wenn ich es mit den Augen Gottes betrachte. Die alte Liturgie kannte die Bitte, die Wirklichkeit „sub specie aeternitatis" zu sehen, aus dem Blickwinkel der Ewigkeit. Das bedeutet keine Geringschätzung der Welt. Im Gegenteil, der Blick vom Ganzen auf das Einzelne relativiert und ermöglicht gerade so eine neue Freiheit und eröffnet neue Handlungsspielräume. Da wandelt sich Wirklichkeit, obwohl die äußeren Gegebenheiten bleiben, wie sie sind.

Grundkräfte reinigen und erlösen. Bei vielen Kirchenvätern findet sich der Gedanke, dass Tugenden und Laster letztlich auf denselben Grundkräften beruhen. Sie sind zwei Seiten ein und derselben Medaille. So gibt es beispielsweise nicht nur eine negative Leidenschaft, die mich blind machen und ins Unglück stürzen kann, sondern auch eine heilige Leidenschaft, mit der ich mich begeistert einsetze für eine gute Sache. Oder es gibt so etwas wie eine heilsame Distanz zu den Dingen, eine innere Ruhe und Gelassenheit, die mich in allen Krisen vertrauensvoll weitergehen lässt, und eine falsche Distanz, bei der mir alles egal ist. Die Herausforderung für den Menschen besteht darin, seine Grundkräfte zu erkennen, zu reinigen und in die richtige Richtung zu kanalisieren. Die entscheidenden Energien meines Lebens können mich so besetzen, dass ich ihnen willenlos ausgeliefert bin. Oder ich kann sie erlösen lassen und so formen, dass sie auf das Reich Gottes zielen.

Das wird auch an Franziskus deutlich: In seiner Jugend ist er für seine Maßlosigkeit und Verschwendung bekannt. Dieser Grundzug bleibt. Aber er wird von innen her verwandelt und bekommt eine neue Ausrichtung: Auch als ganz Armer um Christi willen behält er sein großes Herz, nun für Gott und die Menschen. Auch jetzt gibt er sich nicht vorschnell zufrieden, sondern will maßlos das Ganze. „Du bist alles, unser Reichtum zur Genüge", stammelt er Gott entgegen [LobGott 4 (FQ, 37)].

Ostergeheimnis. Die größtmögliche Wandlung geschieht am Kreuz: Jesus wandelt den Tod zum Leben, das Ende in einen neuen Anfang, die hasserfüllte Ablehnung durch die Menschen in ein unüberbietbares Zeichen der endgültigen Zuwendung Gottes. Er selbst deutet dieses Paschamysterium im Gleichnis vom Weizenkorn, das nur dann reiche Frucht bringen kann, wenn es vorher stirbt (vgl. Joh 12,24). Es gibt auch in unserem Leben solche Wandlungen aus dem Ostergeheimnis: Eine tiefe Krise führt zu einem neuen Anfang. Zerbrochene Pläne eröffnen neue Möglichkeiten. Enttäuschungen führen weiter. Eine Krankheit lässt den Wert des Lebens ganz neu entdecken. „Ich möchte das, was ich durchgemacht habe, nicht noch einmal erleben, und ich wünsche es auch niemandem", hat mir einmal jemand gesagt. „Und doch bin ich im Nachhinein dankbar, dass ich das erfahren habe. Es hat mich weitergebracht." Wie Jesus seinen gewaltsamen Tod nicht verhindert, sondern von innen her „umliebt", so gibt es Menschen, die ein schweres Schicksal in der Verbundenheit mit ihm so tragen, dass es für sie und für andere zum Segen wird.

Hier soll nicht Leid glorifiziert werden. Dahinter steckt vielmehr eine ganz nüchterne Frage, die sich früher oder später wohl jedem Menschen stellt: Wie gehe ich um mit den Negativerfahrungen meines Lebens? Wie kommt es, dass Menschen äußerlich das gleiche Schicksal erfahren und der eine daran zerbricht, während die andere darin reift?

Der Glaube an Wandlung und die Erfahrung echter Umkehr gehören ins Zentrum christlichen Glaubens. Dennoch darf man die Wandlungsfähigkeit des Menschen auch nicht naiv überschätzen. Der Ruf zur Umkehr und die Arbeit auf Veränderung hin müssen ergänzt werden durch die demütig-realistische Annahme der eigenen Begrenztheit und Gebrochenheit.

Begegnen

Kann ein Mensch sich wirklich ändern? Das ist die Grundfrage. Wo ich sie bejahe, stellen sich sofort neue Fragen: Woher kommt dann der entscheidende Wandlungs-Impuls? Was bringt denn ein Leben in Bewegung? Kann man das „machen"? Es gibt darauf eine sehr fromme Antwort: Gott greift irgendwie direkt ein. Er rührt mich an, er spricht zu mir. Die wenigsten Christen aber werden schon einmal eine Stimme aus dem Himmel gehört haben. Und dann gibt es eine sehr idealistisch-optimistische Antwort: Ich greife selbst in mein Leben ein. Ich reflektiere, entscheide, setze mir Ziele, arbeite an mir. Ich selbst also reiße das Steuer meines Lebens herum. Warum aber gelingt das dem einen und der anderen nicht?

Ich bin überzeugt, dass die meisten Veränderungen durch die Begegnung mit einem anderen Menschen geschehen. Begegnung verändert! Wer verliebt ist, sieht die Welt mit neuen Augen. Wenn jemand mir sagt: „Du schaffst das! Ich glaube an dich!", dann macht mir das Mut. Andere hinterfragen mich so radikal, dass in mir alte Sicherheiten und liebe Gewohnheiten ins Wanken kommen. Das Vorbild eines anderen Menschen kann mich so berühren, dass ich mich völlig neu orientiere. Es verändert sich etwas in mir, wenn ich Verantwortung übernehme und plötzlich nicht mehr nur um eigene Bedürfnisse kreise.

Wo immer so etwas geschieht, hat mich die Begegnung mit einem anderen Menschen in Bewegung gebracht und verändert. Und durch eine solche Begegnung kann Gott in mein Leben eingreifen.

Auch Franziskus erfährt die für ihn alles entscheidende Weichenstellung nicht im Gebet in einer stillen Kirche. Er hört keine Stimme vom Himmel. Er begegnet schlicht und einfach einem anderen Menschen. Es ist eine alltägliche Begegnung – und eine unangenehme dazu! Aber darin geschieht Grundlegendes: Bitteres wird süß. Franziskus ist den Aussätzigen zufällig begegnet. Erst im Nachhinein wird er sagen: Der Herr hat mich unter sie geführt. Im Rückblick wird ihm klar: Was da durch die Begegnung mit Menschen ausgelöst wurde, kommt von Gott. Spiritualität besteht nicht aus meinen eigenen frommen Übungen, sondern lebt in der Bereitschaft zur Begegnung, im Hinhören und Hinsehen auf das, was Gott durch andere Menschen an mir tut.

Späteren Franziskus-Betrachtern war diese Art von Bekehrung wahrscheinlich nicht fromm genug. Der Mann aus Assisi nennt in seinem Testament nur die Begegnung mit dem Aussätzigen als entscheidendes Umkehr-Erlebnis. Stattdessen aber stellen bereits die frühen Biographen zwei andere Szenen in den Mittelpunkt, die für den jungen Mann auf seinem Suchweg sicherlich sehr wichtig waren, zugleich aber auch eindeutig kirchlich und fromm sind: die mystische Stimme vom Kreuz in San Damiano und das Wort des Evangeliums, das er in Portiunkula während einer Eucharistiefeier hört und sich anschließend vom Priester erklären lässt. San Damiano und Portiunkula werden daraufhin in der franziskanischen Tradition die entscheidenden Bekehrungsorte, der Aussätzige dagegen ist weitgehend vergessen. Parallel dazu wird der Aussätzige schon sehr bald spiritualisiert und zu einer rein geistlichen Erfahrung verdünnt: In seiner ersten Vita von 1228 erzählt Thomas von Celano noch, dass Franziskus mit den Aussätzigen zusammenlebte und „alle Fäulnis von ihnen abwusch, sogar den Eiter der Geschwüre" [1 C 17 (FQ, 209)]. In der Neuauflage von 1246 wird noch berichtet, dass der Aussätzige dem Heiligen „mächtigen Ekel und Abscheu einflößte", bevor dieser ihn küsst. Aber obwohl Franziskus dann „sogleich sein Pferd wieder bestieg und sich nach allen Seiten umwandte, konnte er – die Gegend lag nach allen Seiten offen, und keine Hindernisse standen im Wege – von dem Aussätzigen nicht mehr die geringste Spur entdecken" [2 C 9 (FQ, 305)].

Entscheidend ist: Nicht Franziskus macht etwas mit dem Aussätzigen. Der Aussätzige macht etwas mit ihm. Die Initiative kommt von außen. Sie ist nicht gewollt, sondern lästig und unangenehm. Umkehr geschieht also nicht in selbstgefälliger Innerlichkeit und ist nichts, was ich selbst bewerkstelligen kann, keine Askese, die ich mir selbst auferlege, und kein auf meine Bedürfnisse zusammengebasteltes Übungsprogramm. Sie ereignet sich als Anruf vom anderen her.

Normalerweise komme ich nicht aus mir selbst heraus. Ich bin gefangen in meiner eigenen Welt, die ich zugleich hege und pflege, weil sie mir Sicherheit gibt. Ich brauche den anderen, der mich aus mir selbst befreit. „Du bist ohnmächtig. Du hast keinen Schlüssel und deine Tür hat innen kein Schloss und dein Fenster ist vergittert und liegt so hoch, dass du nicht einmal hinausschauen kannst. Wenn nicht einer kommt und aufmacht, bleibst du gebunden und arm im Elend", schreibt Alfred Delp im Advent 1944 mit gefesselten Händen im Gefängnis Berlin-Tegel.[2] Die Tür kann nur ein anderer von außen öffnen! Ich brauche den Konflikt, den Widerstand, die Krise, wenn ich wirklich zu etwas Neuem durchstoßen will. Provokationen sind unangenehm, aber nur ein anderer, der mir von außen entgegenkommt, kann mich „heraus-fordern". Ich kann mich nicht wie Münchhausen am eigenen Schopf aus dem Sumpf ziehen. Das Wort, das mir hilft, kann ich mir selbst nicht sagen. Aber auch die kritische Anfrage an mich selbst, die verunsichert und Neues anstößt, muss von außen kommen. Nur der andere kann mir den Spiegel vorhalten, in dem ich mich wirklich erkenne. Hier eröffnet sich auch ein neuer Blick auf die Inkarnation Gottes: Um mir zu begegnen und mich zu erlösen, d. h. um mein Leben radikal zu verwandeln, wird Gott Mensch. In der Begegnung mit einem Menschen ereignet sich die erlösende Begegnung mit Gott. Auch heute noch.

Ich habe das selten so treffend ausgedrückt gefunden wie in einem Text von Dagmar Wenndorff:[3]

Manchmal
muss ich mich
an deinen Händen festhalten
damit ich nicht in Abgründe
stürze

Manchmal
muss ich deine Augen leuchten sehen
damit ich meinen Weg
erkenne

Manchmal
muss ich deine Worte hören
damit ich neue Gedanken
finde

Manchmal
muss ich deine Liebe spüren
damit ich weiß
dass ich bin

Ein schöner Text. Eigentlich ist es merkwürdig, dass er uns gefällt. Denn er widerspricht einem gängigen Idealbild, das wir von uns haben. Ich möchte doch im wahrsten Sinn des Wortes „selbstständig“ sein, mit beiden Füßen fest auf dem Boden der Wirklichkeit stehen, autonom, unabhängig, selbstsicher. Der Text sagt: Die Wirklichkeit ist nicht immer so. Manchmal stehe ich gar nicht fest in mir. Manchmal wackelt der Boden unter meinen Füßen. Manchmal habe ich Angst, in Abgründe zu stürzen. Dann aber kann ich mir selbst nicht helfen. Dann brauche ich jemand anderen, ein Du: „Ich muss mich an deinen Händen festhalten, damit ich nicht in Abgründe stürze.“

Noch ein Bild, wie ich mich selbst gerne sehe: Ich weiß, was ich will. Ich erkenne im Leben klar, worum es geht. Ich treffe die richtigen Entscheidungen und gehe unbeirrt meinen Weg. Ich komme allein zurecht. Das Gedicht ist wieder anderer Meinung: So klar ist mir mein Weg gar nicht. Immer wieder tauchen Zweifel, Fragen und Unsicherheiten auf. Manchmal weiß ich nicht, was ich tun soll und was richtig ist. Ich komme eben nicht immer allein zurecht. Ich brauche Hilfe von einem anderen Menschen. Ich brauche ein Du: „Manchmal muss ich deine Augen leuchten sehen, damit ich meinen Weg erkenne."

Und schließlich ein drittes Ideal: Ich habe in mir selbst so viel Intelligenz und Phantasie und so viele Fähigkeiten, dass ich für alles gewappnet bin. Egal was kommt, ich finde immer eine Lösung. Meine innere Quelle versiegt nicht. Ich bin meines eigenen Glückes Schmied. Der Text widerspricht erneut: Mach dir nichts vor. Ehe du dich versiehst, kannst du am Ende sein mit deiner Kraft, mit deinen Visionen, mit deiner Hoffnung. Um wirklich lebendig zu bleiben, brauche ich einen anderen Menschen. Ich brauche die Begegnung mit einem Du: „Manchmal muss ich deine Worte hören, damit ich neue Gedanken finde."

Der Text beschreibt zunächst einmal die Beziehung zweier Menschen. Wirklich logisch ist er nicht. Wenn der eine Angst hat, in den Abgrund zu stürzen, und die andere auch, und wenn die beiden sich darum an der Hand nehmen – wieso finden sie dann Halt? Müssten sie nicht gemeinsam ins Loch fallen? Und wenn zwei Menschen nicht weiterwissen und sich darum in die Augen schauen, finden sie dann wirklich ihren Weg? Oder spiegelt sich im Auge des anderen nicht eher nur die eigene Ratlosigkeit? Und wenn die eine ausgepowert ist und der andere leer, und wenn sie dann miteinander reden, wieso kommen sie dadurch auf neue Gedanken? Eigentlich bliebe ihnen doch nichts anderes übrig, als nur einander die Ohren vollzujammern.

Es gibt eine Logik der alltäglichen Erfahrung, die der analysierende Verstand nicht nachvollziehen kann. Ich spüre, dass es stimmt, was dieser Text sagt. So etwas habe ich schon erlebt. Das ist aber nicht nur die Logik des Herzens. Es ist auch die Logik des Glaubens: Der andere Mensch kann für mich zum Sakrament werden. Er kann mir etwas von Gott vermitteln. In unserer Beziehung können wir gemeinsam etwas erfahren, das uns beide übersteigt. Wenn mir manchmal der Boden unter den Füßen wackelig wird und wenn ich mich dann an den Händen eines anderen halte und erfahre, dass ich nicht in Abgründe stürze, dann hält nicht nur er mich oder ich ihn, dann erfahren wir beide gemeinsam, dass unsere Beziehung noch einmal gehalten wird. Dann erfahre ich, wie Gott mich hält. Und wenn die andere nicht mehr weiterweiß und mir in die Augen sieht und sich dann plötzlich ein Weg auftut, dann dürfen wir gemeinsam erfahren, wie unser Weg geführt wird. Dann erfahren wir aneinander etwas von Gott, der Neues möglich macht. Und wenn ich mich leer und ausgebrannt fühle und mit einem anderen spreche und dabei auf neue Gedanken komme, dann spüre ich, dass wir unsere Zukunft nicht alleine machen. Sie wird uns eröffnet. Da erfahren wir beide etwas von einem Gott, mit dem wir Mauern überspringen (vgl. Ps 18,30). Wo Menschen einander begegnen, können sie Gott begegnen. „Der Christus im eigenen Herzen ist schwächer als der Christus im Wort des Bruders; jener ist ungewiss, dieser ist gewiss", schreibt Dietrich Bonhoeffer.

Was Franziskus am Anfang seines Lebens in der alles entscheidenden Begegnung mit dem Aussätzigen erfährt, wird er immer wieder erleben: Die Begegnung mit dem anderen Menschen verändert. Und darin ist Gott selbst am Werk. Das Zusammentreffen mit dem Sultan etwa wird Franziskus verändern. Er kehrt anders aus Ägypten zurück, hat dazugelernt, ist voller Respekt für islamische Frömmigkeit und übernimmt von dort Anregungen für seine Bruderschaft. Auch hat er ein neues Verständnis von Mission gewonnen und hält es in der Regel fest. Aber auch die Bruderschaft als Ganzes wird ihn verändern, das zeigt das eineinhalb Jahrzehnte währende Ringen um eine endgültige Gestalt der Regel.

Die Bereitschaft zu offener und ehrlicher Begegnung wird bei Franziskus im Laufe seines Lebens wie in einem Bild anschaulich: Schritt für Schritt übt er sich darin, sich vom Du berühren zu lassen. Erst legt er die Rüstung des Ritters ab, dann die angenehmen Kleider des Kaufmanns, schließlich sogar den dünnen Habit der Minderbrüder. Er verlässt sein Geburtshaus oben im Zentrum der Stadt und geht mit den ersten Brüdern nach unten in die Ebene, vor die schützenden Mauern, zu den Aussätzigen am Rand der Gesellschaft. Am Ende seines Lebens liegt er dann wirklich ganz unten auf dem Boden, nackt, schutzlos und verwundet. Ein Leben lang war er damit beschäftigt, Panzer und schützende Rüstungen auszuziehen, rauszugehen, sich auszusetzen, sich berührbar und verwundbar zu machen. Die Wundmale sind Realsymbol für diese Entschlossenheit, Begegnung zu wagen und sich dem Du zu stellen. In diesen Begegnungen hat Christus etwas an ihm getan. Am Ende trägt Franziskus dessen Wunden. Er ist mit seiner gesamten Existenz Bild Christi geworden.

Die offene Begegnung mit dem anderen ist kein moralischer Appell: „Ändere dich endlich!“ Sie ist auch keine Methode: „So kannst du dich ändern!“ Begegnungen sind nicht planbar und nicht machbar. Sie bergen Wandlungskraft, weil sie dazu einladen, sich gerade auf bisher Unbekanntes einzulassen. Sie ermöglichen Erfahrungen, die mich über das hinausführen, was ich sowieso schon weiß und bisher schon gelebt habe. Deswegen machen sie manchmal auch Angst. Aber sie können der Schlüssel für eine neue Lebensqualität sein. Jede Begegnung ist eine Verheißung, die völlig neue Horizonte eröffnen kann, auch wenn ich das vielleicht erst im Nachhinein erkenne. Jede Begegnung kann ein Augenblick der Gnade sein.

Sich stellen

Für Franziskus ereignet sich die entscheidende Wandlung seines Lebens in der Begegnung mit einem anderen Menschen. Das stimmt. Aber damit haben wir dieses Ereignis noch nicht ganz erfasst. Er begegnet ja nicht irgendeinem Menschen. Er begegnet einem Aussätzigen. Und der macht Angst, weil er die eigene Existenz bedroht. Er ist gefährlich. Wir müssen hindurchhören durch die mittelalterliche Sprache: Es kam ihm „bitter" vor, Aussätzige auch nur zu sehen, erinnert sich Franziskus. Das heißt doch: Der Aussätzige hat ihn angeekelt, innerlich „verbittert", ihm das Leben „vergällt", ihn depressiv gemacht und runtergezogen. Thomas von Celano wird das dann konkreter beschreiben: „So entsetzlich kam ihm nämlich, wie er sagte, einst der Anblick von Aussätzigen vor, dass er sich mit der Hand die Nase zuhielt, wenn er zur Zeit seines Weltlebens aus einer Entfernung von etwa zwei Meilen ihre Häuser nur sah" [1 C 17 (FQ, 209)].

Das ist das Entscheidende: Gerade in der Konfrontation mit dem, was ihn anekelt, kommt Franziskus auf den Geschmack des Lebens. Er umarmt den Menschen, vor dem er vorher davongelaufen ist. Das Störende gibt Orientierung. Indem er seine bisherige Welt verlässt und sich dem

Bedrohlichen und seiner eigenen Angst stellt, findet er Sicherheit. Draußen am Rand entdeckt er, was künftig das Zentrum seines Lebens sein wird.

Franziskus schreibt ausdrücklich: „Und ich habe ihnen Barmherzigkeit erwiesen.“ Er hat sich also nicht nur für eine flüchtige Umarmung einen kurzen Augenblick gönnerhaft vom hohen Ross herabgelassen, sondern hat wirklich ihr Leben geteilt. Auch später wird er sich immer wieder in Häusern von Aussätzigen aufhalten [vgl. 2 C 98 (FQ, 354)]. In der ersten Regel hält er für alle Brüder fest: „Und sie müssen sich freuen, wenn sie sich unter unbedeutenden und verachteten Leuten aufhalten, unter Armen und Schwachen, Kranken und Aussätzigen und Bettlern am Wege“ [NbR 9,2 (FQ, 77)]. Anfangs arbeiten manche Brüder tatsächlich „in den Häusern der Aussätzigen“ [1 C 39 (FQ, 223)]. Es gehört zu ihrer Ausbildung, sich in der Pflege der Aussätzigen zu engagieren [vgl. Per 9 (FQ, 1097); SP 44 (FQ, 1255 f.)]. Und die Brüder in Deutschland feiern 1223 ihr Kapitel in Speyer „vor den Mauern bei den Aussätzigen“ [Jord 33 (FQ, 991)]. Am Ende seines Lebens möchte Franziskus am liebsten noch einmal ganz neu anfangen: „Er wollte wieder zur Aussätzigenpflege zurückkehren und zum Gespötte dienen, wie es einstens geschah“ [1 C 103 (FQ, 263)].

Das ist eine Grundfrage für jeden Menschen: Wie gehe ich um mit dem, was mich bedroht, was mir Angst macht und mich „verbittert“? Mit den Widerständen und Enttäuschungen, mit Brüchen und Verletzungen, mit allem, was dunkel ist und belastet? Es gibt die Strategie der Vermeidung: Ich gehe dem Bitteren aus dem Weg, laufe weg, schaue nicht hin, lenke mich ab. Ich verdränge es und tue so, als ob es das alles nicht gäbe. Ich richte mir eine kleine bequeme Welt ein, in der alles Störende draußen bleibt. Und es gibt die aggressive Variante: Mancher wird fanatisch und möchte mit Stumpf und Stiel ausreißen und vernichten, was ihn bedroht.

Auf Dauer werden alle diese Versuche scheitern. Auf Dauer entkomme ich der Realität nicht. Was ich heute verstecke, wird sich morgen umso stärker melden. Verdrängungen machen krank und zerstören eine Existenz von innen her. Wenn Lebenslügen platzen und mühsam errichtete Fassaden einstürzen, ist der Zusammenprall mit der Wirklichkeit umso schlimmer. Virtuelle Biographien halten den Stürmen des Lebens nicht stand.

Man hat dem Christentum immer wieder seine Fixierung auf die Sünde und das Kreuz vorgeworfen. Es vertrete eine „Sklavenmoral“ (Friedrich Nietzsche), eine leidverliebte, fast masochistische Spiritualität für schwache und lebensuntüchtige Menschen. Tatsächlich hat Jesus gesagt: „Wer mein Jünger sein will, der verleugne sich selbst, nehme täglich sein Kreuz auf sich und folge mir nach“ (Lk 9,23). Sicherlich wurde das in der Geschichte auch einseitig akzentuiert und übertrieben. Letztlich aber liegt darin eine entscheidende Stärke christlicher Spiritualität: Sie läuft vor dem Leid nicht davon. Sie muss es weder ausklammern noch schönreden. Sie stellt sich dem Dunklen. Und sie gibt eine Antwort darauf, die trägt: Du findest das Leben nicht, indem du vor dem, was dir Angst macht, davonläufst oder es verdrängst. Du findest das Leben, indem du dich ihm stellst. Durch das Dunkel hindurch führt der Weg in das Licht. Leid und Tod führen zur Auferstehung. Franziskus würde sagen: Wo du das Bittere annimmst, stößt du auf Süßigkeit. Da kommst du auf den Geschmack des Lebens.

Franziskus hat diese Erfahrung nicht nur selbst gemacht, er gibt sie auch weiter. Dies zeigt sein „Brief an einen Minister". Dieser Verantwortliche der Bruderschaft leidet unter seinen Brüdern, die ihn angeblich daran hindern, ein spirituelles Leben zu führen, so wie er sich das erträumt. Er ist amtsmüde, hat den täglichen Kleinkram satt, will sich nicht ständig über problematische Zeitgenossen ärgern. Da er die Realität, so wie sie ist, nicht akzeptieren kann, hat er zunächst versucht, die schwierigen Brüder zu ändern, zurechtzubiegen, umzuerziehen, sie in sein Konzept einzupassen. Das hat nicht funktioniert. Die anderen sind nun einmal, wie sie sind. Die Wirklichkeit ist kein geschmeidiges Material, das ich mir nach meinem Geschmack formen kann. Ihm scheint darum nur eins zu bleiben: zu fliehen! Er bittet Franziskus um Entpflichtung von seinem Dienst und will in eine Einsiedelei. Wenn er schon die große Welt nicht ändern kann, dann will er wenigstens für sich eine kleine heile Welt schaffen, in der alles für ihn passt. In der er endlich so fromm sein kann, wie er es möchte, ohne Stress und ohne Ärger, mit viel Zeit für Stille und Gebet. Franziskus aber verwehrt ihm klar alle spirituellen Fluchtversuche: „Jene Dinge, die dich hindern, Gott, den Herrn, zu lieben, und wer immer dir Schwierigkeiten machen mag, Brüder oder andere, auch wenn sie dich schlagen sollten, alles darfst du für Gnade halten. Und so sollst du verlangen und nicht anders. ... Und liebe jene, die dir solches antun. Und du sollst nichts anderes von ihnen wollen, als was der Herr dir geben wird. Und darin liebe sie; und du sollst nicht wollen, dass sie bessere Christen seien. Und dies gelte dir mehr als eine Einsiedelei!" [Min 2–8 (FQ, 109)].

Franziskus fordert den Minister auf, sich der Realität, dem Bitteren, den Widerständen und Bedrohungen zu stellen. Er lädt ihn ein, auch die Hindernisse und Schwierigkeiten für Gnade zu halten. Das Wort „Gnade“ ist in unserer Alltagssprache fast ausgestorben. Aber noch im „Gnadengesuch“ und in der „Begnadigung“ steckt etwas Verheißungsvolles: Mir wird etwas geschenkt, was ich nicht selbst machen oder kaufen und mir nicht verdienen kann. Es ist umsonst, gratis. „Gratia“, das ist das lateinische Wort für Gnade. „Du bist voll der Gnade. Der Herr ist mit dir!“, sagt der Engel zu Maria (vgl. Lk 1,28). Du bist wertvoll. Du bist wichtig. Gott ist mit dir. Er findet dich gut. Er mag dich. Er hat Freude an dir.

Ich darf alles für Gnade halten. Nicht nur das Gelingende ist wertvoll. Auch in den dunklen Seiten meines Lebens kann etwas stecken, das für mich wichtig ist. Ich muss mir keine heile und fromme Welt zurechtzimmern, denn Gott kann mich gerade auch da anrühren, wo ich begrenzt und verwundet bin. Er kann mir in meinen Schatten begegnen. Manchmal kann er mich durch Enttäuschungen und Krisen beschenken. Auf das Geheimnis und den Geschmack meines Lebens stoße ich nicht nur in der Leichtigkeit des Seins, sondern auch im mühsam durchgetragenen Alltag oder in ausgehaltener Leere. Ein neuer Weg kann sich gerade dort auftun, wo ich mich schmerzlich an meinen Grenzen reibe. Im Mangel kann ich auf eine neue Fülle stoßen. Scheinbar graue Alltäglichkeit kann von innen her glänzen. Es gibt „gesegnete Last“ (Alfred Delp).

In seinem auf Latein überlieferten Brief schreibt Franziskus dem Minister: „Omnia debes habere pro gratia.“ „Alles *musst* du für Gnade halten“, wird das gewöhnlich übersetzt. Vom Lateinischen her ist auch eine andere Wiedergabe durchaus möglich: „Alles *darfst* du für Gnade halten." Und sie ist sinnvoll. Es ist beileibe nicht alles Gnade! Es gibt Leid, das Menschen kaputt macht. Es gibt Erfahrung von Sinnlosigkeit, an der Menschen zerbrechen. Es gibt Ungerechtigkeiten, gegen die wir rebellieren müssen. Nicht alles ist Gnade! Aber Gnade kann überall sein. Alltags-Spiritualität heißt auch: Ich muss nichts. Aber ich darf. Ich darf alles für Gnade halten.

Alles darf ich für Gnade halten. Überall kann mir Gott begegnen, mich ansprechen und beschenken. Es gibt eine schöne Geschichte, die diese Grundüberzeugung von Franziskus anschaulich illustriert: „Wenn er daher irgendwo, sei es auf der Straße oder in einem Hause oder auf dem Boden, etwas Geschriebenes fand, egal, ob Gottes- oder Menschenwort", erzählt Thomas von Celano, „so hob er es mit der größten Ehrfurcht auf und legte es an einem heiligen oder wenigstens sauberen Ort nieder; er tat dies aus der Sorge, es könnte der Name des Herrn oder ein auf ihn sich beziehendes Wort darauf geschrieben sein". Das mag man noch verstehen. Dann aber kommt etwas Merkwürdiges: „Als ihn eines Tages ein Bruder fragte, warum er auch die Schriften der Heiden und solche, in denen der Name des Herrn nicht stand, so eifrig sammle, antwortete er: ‚Mein Sohn, weil in ihnen die Buchstaben vorkommen, aus denen man den glorwürdigsten Namen des Herrn, unseres Gottes, zusammensetzen kann'" [1 C 82 (FQ, 248)]. In allem, auch in dem, was auf der Straße oder auf dem Boden oder bei mir zuhause herumliegt, im Alltäglichen also, und zwar gerade auch dann, wenn es mir fremd ist, „heidnisch", vielleicht bedrohlich, kann etwas von Gott vorkommen. Alles darf ich für Gnade halten.

Gott umarmt uns durch die Wirklichkeit (Willi Lambert), so wie sie ist. Er umarmt uns auch durch das Bittere, Störende, Dunkle. „Nicht die Gesunden brauchen den Arzt, sondern die Kranken", sagt Jesus. „Denn ich bin gekommen, um die Sünder zu rufen, nicht die Gerechten" (Mt 9,12 f.). Gerade da, wo ich krank bin, begrenzt, unheil, begegne ich Jesus. Sogar die Sünde kann Ansatzpunkt der Gnade sein. Auch in diesem Sinn gibt es eine „felix culpa" (Liturgie der Osternacht), eine glückliche Schuld, die mich zum Erlöser führt. Nur der Sünder erfährt wirklich, was Vergebung und Barmherzigkeit bedeuten. Und Petrus spürt die haltende Hand Jesu erst, nachdem er das sichere Boot verlassen hat und ihm das Wasser schon bis zum Hals steht (vgl. Mt 14,22–33). Die Überforderung, die Grenzsituation, die radikale Bedrohung führen ihn zu einem radikalen Vertrauen, das er im sicheren Boot so vielleicht niemals erfahren hätte. Im Aufschrei der Angst erkennt er: Alles darf ich für Gnade halten.

Durchblicken

Franziskus ist dem Aussätzigen zufällig begegnet. Aber das Zusammentreffen war nichts völlig Außergewöhnliches. Wer oben in der Stadt Assisi wohnte, wusste, dass es da unten vor den schützenden Mauern Aussätzige gab. Bei aller Vorsicht wird ab und zu ein Kontakt wenigstens aus der Ferne unvermeidbar gewesen sein. Und es waren ja wahrscheinlich auch ehemalige Nachbarn darunter, vielleicht sogar enge Freunde oder Verwandte. So ekelhaft und beängstigend die Existenz dieser Aussätzigen auch war, sie war ein Stück Normalität des Alltags.

Als Franziskus vor seinem Tod auf sein Leben zurückblickt, ist er überzeugt: Das Zusammentreffen mit den Aussätzigen war kein Zufall. „Der Herr selbst hat mich unter sie geführt." In einer bitteren und zugleich alltäglichen Begegnung hat ihn der Herr angesprochen und verändert. Das Alltägliche und Beiläufige, aber auch das Bedrohliche und Erschreckende kann also eine geheimnisvolle Tiefendimension haben. Künftig wird Franziskus immer wieder durch das Vordergründige und das Vielerlei an der Oberfläche seines Lebens durchblicken und in der Tiefe den Herrn am Werk sehen. Auch davon spricht er in seinem Testament: „Und nachdem mir der Herr Brüder gegeben hatte, zeigte mir niemand, was ich tun sollte, sondern der Höchste selbst hat mir offenbart, dass ich nach der Form des heiligen Evangeliums leben sollte" [Test 14 (FQ, 60)]. Diese Formel wiederholt er dann fast wie einen cantus firmus seines Lebens: „Der Herr hat mich geführt" [Test 2 (FQ, 59)], „der Herr gab mir" [Test 4.6.14 (FQ, 59f.)], „der Herr hat mir offenbart" [Test 14.23 (FQ, 60f.)]. Wenn ich nicht an der Oberfläche des Alltags hängen bleibe, wenn es mir gelingt, durch das Äußere hindurchzuschauen bis auf den Grund, dann kann mir dort Gott begegnen. Dann darf ich alles für Gnade halten.

„Ich blicke einfach nicht mehr durch." Manchmal sagen wir das, weil wir uns selbst und unser Leben nicht mehr verstehen. Ich habe den roten Faden verloren. Pläne wurden durchkreuzt. Bisherige Sicherheiten tragen nicht mehr. Ich hatte mir manches so schön aufgebaut, aber auf einmal ist es wie ein Kartenhaus in sich zusammengefallen. Was mir lange wichtig war, erweist sich plötzlich als innerlich leer und hohl. Wie ein unerwarteter Sturm sind äußere Veränderungen über mein Leben hereingebrochen und haben vieles kaputt gemacht. Ich stehe vor einem Scherbenhaufen. Ich blicke nicht mehr durch!

Ein gläubiger Christ hat nicht weniger Probleme als andere Menschen. Er hat kein einfacheres Leben. Er lebt nicht in einer anderen Welt. Aber er kann in dieser Welt anders leben, weil er durchblickt auf Gott. Alfred Delp schreibt in einem Brief aus dem Gefängnis Tegel Mitte November 1944, wenige Wochen vor seiner Hinrichtung: „Die Welt ist Gottes so voll. Aus allen Poren der Dinge quillt er gleichsam uns entgegen. Wir aber sind oft blind. Wir bleiben in den schönen und in den bösen Stunden hängen und erleben sie nicht durch bis an den Brunnenpunkt, an dem sie aus Gott herausströmen. Das gilt ... für alles Schöne und auch für das Elend. In allem will Gott Begegnung feiern und fragt und will die anbetende, hingebende Antwort."[4]

Für den, der durchblickt, spricht die gesamte Wirklichkeit von Gott. Sie ist ein Wort Gottes an mich: „Alles ist durch das Wort geworden, und ohne das Wort wurde nichts, was geworden ist" (Joh 1,3). Das heißt doch: Alles, was ist, hat Wortcharakter. Der Kosmos, die Welt, die Geschichte, mein Leben haben mir etwas zu sagen. Gott hat mir dadurch etwas zu sagen. „Logos" bedeutet im Griechischen nicht nur „Wort", sondern auch „Sinn". Die Wirklichkeit, die mich aus sich heraus anspricht, bedeutet mir etwas. Sie hat Bedeutung und Sinn, auch wenn ich den nicht sofort verstehe. Sinn ist nicht das, was ich von außen in meinen Alltag hineininterpretiere, indem ich ihn mir deutend so zurechtbiege, wie es mir passt. Die Bedeutung kommt mir vielmehr aus der Wirklichkeit entgegen. „Das ergibt Sinn", sagen wir im Deutschen. Sinn wird nicht gemacht. Er ergibt sich. Er wird gegeben, eröffnet. Ich muss dafür nur aufmerksam und geduldig sein.

Christen gehen noch weiter. Die Wirklichkeit ist nicht nur Wort Gottes. Sie ist auch Raum Jesu Christi. Christus ist „der Erstgeborene der ganzen Schöpfung", heißt es im Brief an die Kolosser. „Denn in ihm wurde alles erschaffen im Himmel und auf Erden, das Sichtbare und das Unsichtbare ... alles ist durch ihn und auf ihn hin geschaffen ... in ihm hat alles Bestand" (Kol 1,15 ff.). Auch nach dem Hebräerbrief hat Gott durch den Sohn die Welt erschaffen (vgl. Hebr 1,2). „Er trägt das All durch sein machtvolles Wort" (Hebr 1,3). Weil alle Wirklichkeit auf Christus hin erschaffen ist, verweist sie auch auf ihn. Die gesamte Schöpfung, so wird Teilhard de Chardin diesen Gedanken weiterführen, strebt dynamisch auf Christus zu. Er ist ihr letztes Ziel.

Die Art, wie Franziskus die Schöpfung erlebt und mit ihr umgeht, mag manchmal etwas zu romantisch und naiv anmuten. Dahinter aber steckt keine emotionale Naturschwärmerei, sondern tiefer Glaube: „In jedem Kunstwerk lobte er den Künstler; und was er in der geschaffenen Welt fand, führte er zurück auf den Schöpfer ... durch das, was sich seinem Auge an Lieblichem bot, schaute er hindurch auf den Leben spendenden Urgrund der Dinge. Er erkannte im Schönen den Schönsten selbst ... Auf den Spuren, die den Dingen eingeprägt sind, folgte er überall dem Geliebten nach und machte alles zu einer Leiter, um auf ihr zu seinem Thron zu gelangen", berichtet Thomas von Celano. Und auch Franziskus geht noch einen Schritt weiter und entdeckt das Geschaffene als Raum Christi: „Über Felsen wandelte er ehrerbietig mit Rücksicht auf den, der Fels genannt wird" [2 C 165 (FQ, 389 f.)]. „Selbst gegen die Würmlein entbrannte er in übergroßer Liebe, weil er vom Erlöser das Wort gelesen hatte: ‚Ein Wurm bin ich, nicht mehr ein Mensch'" [1 C 80 (FQ, 247)]. „Unter allen Tierarten aber war er mit besonderer Liebe und großer Zärtlichkeit den Lämmlein zugetan, weil die Demut unseres Herrn Jesus Christus in der Heiligen Schrift häufig mit der eines Lammes verglichen ... wird" [1 C 77 (FQ, 245)]. Für Franziskus ist die gesamte Schöpfung nicht nur ein Buch, das ihm von Gott erzählt, er entdeckt darin auch das Wasserzeichen Christi.

Vielleicht gehört in diesen Zusammenhang auch eines der merkwürdigsten Worte, das uns Franziskus hinterlassen hat. Der gehorsame Mensch, so sagt er, „ist nicht nur allein den Menschen untertan und unterworfen, sondern auch allen Bestien und wilden Tieren, damit sie mit ihm tun können, was immer sie wollen, soweit es ihnen von oben herab, vom Herrn, gegeben ist" [GrTug 17 f. (FQ, 35)]. Wenn die gesamte Wirklichkeit von Gott kommt, dann kann er auch durch alles erfahren werden. Auch durch das Wilde und Ungezähmte, das gefährlich ist und Angst macht. Dann kann der Mensch durch alle Widerfahrnisse durchblicken auf Gott. Dann darf er alles für Gnade halten.

Im Geheimnis von Weihnachten kommt diese Schöpfungsidee Gottes zu ihrem Höhepunkt und wird zugleich überboten: Gott selbst wird Mensch. Ein Mensch, einer von uns, Jesus, ist wirklich ganz und gar durchsichtig auf Gott hin. „Wer mich gesehen hat, hat den Vater gesehen", sagt er (Joh 14,9). Die Jünger erleben das in der Verklärung auf dem Tabor: Jesus wird für sie durchsichtig auf das Geheimnis Gottes hin. Sie blicken durch den ihn bekannten Menschen hindurch und entdecken in ihm den vom

Vater gesandten Sohn (vgl. Mk 9,2–10). Ein noch radikalerer Durchblick wird dem Hauptmann unter dem Kreuz geschenkt. Ein hingerichteter Verbrecher, einer von vielen, wird transparent hin auf Gott: „Wahrhaftig, dieser Mensch war Gottes Sohn“ (Mk 15,39). Aber zugleich gilt: Auch wir können durch jeden Menschen hindurchsehen auf Gott. „Was ihr für einen meiner geringsten Brüder getan habt, das habt ihr mir getan“, sagt Jesus (Mt 25,40). „Wenn du deinen Bruder gesehen hast, dann hast du Gott gesehen“, heißt es bei Clemens von Alexandrien.

Menschwerdung Gottes heißt auch: Gott wird Geschichte. Seit dem ersten Weihnachtsfest kann Gott gesehen, gehört, angefasst werden. „Was wir gehört haben, was wir mit unseren Augen gesehen haben, was wir geschaut und was unsere Hände angefasst haben, das verkünden wir: das Wort des Lebens“ (1 Joh 1,1). Nun ist auch Geschichte endgültig möglicher Raum Gottes. Sie kann für den, der glaubt, durchsichtig werden auf Gott hin. Er kann darin Gottes Führung erkennen. Davon war bereits das Volk Israel überzeugt. Sein Gott ist der „Gott Abrahams, der Gott Isaaks und der Gott Jakobs“ (Ex 3,6; vgl. Lk 20,37; Apg 7,32), aber ebenso der Gott von Mirjam, von Rut, von Ester und von vielen, vielen anderen, denn die Erfahrungen dieser Frauen und Männer und ihre Lebensgeschichte erzählen von ihm. Gott ruft Menschen und nimmt sie in Dienst (die Patriarchen, Mose, die Richter und Propheten). Er hört das Schreien seines Volkes und befreit es aus Sklaverei und Unterdrückung, er führt es durch das Rote Meer und die Wüste, durch Gefahren und Krisen in das Gelobte Land (Exoduserfahrung). Er zeigt den Weg zu gelingendem Leben (Gesetzgebung am Sinai). Es gibt so etwas wie eine Pädagogik Gottes, der sein Volk mahnt, kritisiert und straft (Richter- und Königszeit, Propheten), der religiöse Sicherheiten nimmt und nationale Träume zerstört (Exil, Diaspora), um sich immer mehr als der Gott zu zeigen, der allen Völkern Heil bringen will (Gottesknechtslieder). Die gesamte Wirklichkeit bekommt so eine sakramentale Struktur. Augustinus deutet Sakramente als „verbum visibile", als ein sichtbar gewordenes Wort. Für den, der glauben darf, werden die eigene Biographie, die Geschichte, die gesamte Wirklichkeit zum „verbum visibile". Alles darf er für Gnade halten.

Wenn für mich Mensch und Welt durchsichtig sind auf Gott, dann darf ich niemanden instrumentalisieren, verachten, bewusst schädigen. Und Gott begegnet mir nicht nur in dem, der mir sympathisch ist. Das Sakrament der Schwester und des Bruders umfasst auch diejenigen, die mir das Leben schwer machen. Und ich werde die Welt nicht egoistisch ausschlachten und missbrauchen können, als gehörte sie mir. Da wird Mystik politisch: Wo ich alles für Gnade halten darf, werde ich allem mit großer Achtung und Respekt begegnen.

Innehalten

„Und danach hielt ich eine Weile inne und verließ die Welt." Franziskus hat eine entscheidende Umkehrerfahrung gemacht. Aber er stürzt nicht sofort kopflos in die Zukunft. Er hält eine Weile inne. Er braucht noch etwas Zeit. Er will das Erlebte nachklingen lassen. Er muss verdauen, überdenken. Das ist etwas anderes als das Zurückschauen, vor dem Jesus warnt (vgl. Lk 9,62). Es ist auch keine verlorene Zeit. Es ist notwendige, kostbare Zeit. Die

Zeit ist ein wichtiger Lehrer im geistlichen Leben. Es ist gut, dass Franziskus innehält und sich diese Zeit nimmt.

Vieles braucht Zeit! Wir haben oft keine Zeit. Darum machen wir Dinge sehr schnell. Wir wollen Zeit sparen. Je weniger Zeit etwas braucht, umso besser. Unser Leben beschleunigt sich immer mehr. Dabei wissen wir: Vieles braucht einfach Zeit. Wachstumsprozesse beim Menschen und in der Natur brauchen ihre Zeit. Es wäre aberwitzig, an kleinen Sprösslingen mit Gewalt zu ziehen, damit sie schneller groß werden. Jesus selbst warnt davor, gutgemeint das Unkraut vorzeitig ausreißen zu wollen. Damit zerstöre ich auch die gute Saat (vgl. Mt 13,28 ff.). Lebensprozesse können nicht umgangen und abgekürzt werden. Manchmal haben Umwege Sinn. Auch innere Prozesse brauchen ihre Zeit, die Heilung einer Krankheit etwa oder das Verarbeiten einer Trauer- oder Verlusterfahrung. Das gilt gerade auch für geistliche Entwicklungen: Bekehrung braucht Zeit. Das Reifen einer Berufung braucht Zeit. Ein Entscheidungsweg braucht Zeit. Strohfeuer verlöschen sehr rasch. Schnellschüsse gehen meistens daneben. Es ist ein Zeichen der Echtheit von geistlichen Vorgängen, dass sie Zeit brauchen.

Zeit lehrt Hoffnung. „Es ist noch nicht aller Tage Abend. Morgen ist auch noch ein Tag.“ Hinter diesen Redensarten stehen alltägliche Erfahrungen: Ich kann zwar nur im Heute leben. Aber das Heute ist noch nicht das Ende. Es gibt ein Morgen. Das Geschenk der Zeit beinhaltet die Möglichkeit zu wachsen, weiterzukommen. Zeit lehrt Geduld und schenkt Hoffnung. Jesus spricht davon im Gleichnis vom Feigenbaum: Hau ihn heute noch nicht um. Gib ihm noch Zeit. „Ich will den Boden um ihn herum aufgraben und düngen. Vielleicht bringt er doch noch Früchte“ (Lk 13,8 f).

Zeit lehrt Vertrauen. Die Zeit ist letztlich unverfügbar. Natürlich habe ich meine Pläne. Aber ich habe die Zeit nicht in der Hand. Ich weiß nicht, was morgen sein wird. Ich weiß nicht, wie viel Zeit mir noch zur Verfügung steht. Ich kann die Zeit von heute nicht für morgen sparen. Deshalb bleibt mir nichts anderes übrig, als zu vertrauen. Die Zeit fordert Vertrauen und sie lehrt Vertrauen. Auch davon spricht Jesus: „Sorgt euch also nicht um morgen … Jeder Tag hat genug eigene Plage“ (Mt 6,34).

Geschenkte Zeit rührt an ein Geheimnis. Gerade weil Zeit unverfügbar ist, nicht machbar, rührt sie an ein Geheimnis. Wo kommt sie her? „Es gibt die Zeit!“, sagen wir einfach. Aber wer oder was gibt sie? Zeit wird immer geschenkt. Dies wird auch deutlich in der Haltung der Dankbarkeit. Dankbar bin ich nie mir selbst. Auf mich selbst bin ich vielleicht stolz. Aber Dankbarkeit ist nicht Stolz. Ich klopfe mir in der Dankbarkeit nicht selbst auf die Schulter. Wem bin ich dankbar? Dem Schicksal? Dem Leben? Den Umständen? Der gläubige Mensch ist Gott dankbar. Die Erfahrung der geschenkten Zeit verweist mich über mich hinaus. Sie ist eine Transzendenzerfahrung. Sie rührt an ein Geheimnis. Die Erfahrung von Zeit wird so zur religiösen Erfahrung. Sie öffnet für Gott.

Zeit ist Erfahrung der Geschöpflichkeit. Zeit ist endlich. Zeit kommt nie wieder. Ich kann nichts von dem, was war, wiederholen. Ich kann nicht einfach nochmals von vorne beginnen. Was vorbei ist, ist vorbei. Deshalb ist das Leben in der Zeit immer auch Begrenzung. Ich kann ja immer nur eine Sache tun – und muss auf vieles andere verzichten! Darum bedeutet Leben in der Zeit stets auch verlieren und versäumen. Auch meine Lebenszeit als Ganzes läuft auf das Ende zu. Leben ist Sein zum Tod. Diese Erfahrung nimmt mir meine Autonomie. Sie macht Angst – oder lässt mich neu meine Geschöpflichkeit erkennen. Weil ich nicht mein eigener Macher bin, darf ich mich vertrauensvoll verdankt wissen. Es ist eine Herkünftigkeit, die nicht niederdrückt. Sie führt zu engagierter Gelassenheit.

In der ablaufenden Zeit steht das Ganze zur Frage. Natürlich geht es im Alltag um dies und jenes, um tausend Ziele. Aber wohin geht denn die Reise als Ganzes? In der Zeit suchen wir nach Glück und werden oft enttäuscht. Wir wollen Sinn in der Zeit. Die Zeit, die Glück ersehnt und nach Sinn fragt, sucht Gott. Wir machen die gleiche Erfahrung noch in einem anderen Zusammenhang: Wenn ich meine Zeit sinnvoll verbringe, bringt mir das Befriedigung. Nutzlos vertane und verlorene Zeit wird bereut. Vor wem oder was empfinde ich da eigentlich „Reue"? Es scheint eine Instanz zu geben, der ich meine Zeit schuldig bin, vor der ich für die geschenkte Zeit Verantwortung trage. Erneut steht in meiner begrenzten Zeit das Ganze in Frage. Die Zeit fragt nach dem Umfassenden, nach Gott.

Spiritualität ist richtiger Umgang mit Zeit. Die mir geschenkte Zeit ist nicht nur Gabe, sondern auch Aufgabe. Was tue ich mit der Zeit? Sie vertreiben? Totschlagen? Sparen? In sich ist die Zeit kein Wert. Zeit ist wertvoll, wenn ich sie sinnvoll fülle. Es gibt ja auch Zeit, die grauenhaft leer ist, Zeit als Fluch. In der Zeit stecken viele Möglichkeiten. Ich kann daraus etwas machen! Das heißt auch: Ich muss Wichtiges von Unwichtigem unterscheiden. Was ist gerade jetzt dran? Was fordert diese Zeit von mir?

Franziskus war ein sehr aktiver Mensch. Seine Biographie ist so reich an äußeren Ereignissen, Begegnungen und Konflikten, dass sie immer wieder in Romanen beschrieben oder verfilmt worden ist. Aber es gibt daneben eine zweite Spur, die nur sehr schwer zu fassen ist. Sie entzieht sich dem objektiven Historiker. Regelmäßig unterbricht Franziskus sein aktives Tun, um sich in die Einsamkeit zurückzuziehen. Wochenlang ist er von der Bühne verschwunden. Er hält inne, nicht nur nach der Begegnung mit dem Aussätzigen, sondern immer wieder. Was sich in der Stille und im Gebet in den Carceri oder in den Einsiedeleien im Rietital ereignet, bleibt weitgehend sein Geheimnis. Hier ist er mit sich und mit Gott allein. Hier nimmt er sich Zeit für sich und für Gott. Hier reifen Entscheidungen. Hier durchkämpft er Krisen. Hier gewinnt er Klarheit für den weiteren Weg. Hier tut er wenig. Eigentlich tut er hier gar nichts. Hier lässt er Gott etwas an sich tun. Das ist mehr als ein vordergründiges „spirituelles Auftanken“, damit die kurzfristig unterbrochenen Aktivitäten dann umso effektiver weitergehen. Franziskus hält inne, unterbricht seine eigene Zeitplanung, er hält die fortlaufende Zeit seines Lebens an, um darin Raum zu schaffen für Gott. Alle Zeiten darf er für Gnade halten.

Der Aussätzige kommt Franziskus von außen entgegen. Das, was bitter ist und bitter macht, begegnet mir oft zuerst außerhalb von mir. Aber es gibt dieses Bittere nicht nur draußen. Ich finde es auch in mir selbst. Es ist ein Teil von mir. Manchmal bin ich für mich selbst ein Aussätziger. Manchmal bin ich eine Bedrohung für mich selbst. Dann habe ich Angst vor mir. Dann möchte ich am liebsten einen Teil von mir „aussetzen“, abspalten, verdrängen, damit er mich nicht verbittert.

Auch Franziskus begegnet dem Aussätzigen nicht nur vor den Toren der Stadt. Er begegnet ihm auch in sich selbst. Er stellt sich seiner dunklen Seite, den eigenen unheilvollen, erschreckenden Möglichkeiten, seiner Sünde. Auch davon berichtet Thomas von Celano. Es ist wohl kein Zufall, dass er dabei dasselbe Bild von der Verwandlung des Bitteren bemüht, das Franziskus selbst für die Begegnung mit dem Aussätzigen gebraucht hatte. Als Franziskus eines Tages, so schreibt er, im Gebet „lange Zeit, mit Furcht und Zittern vor dem Beherrscher des ganzen Erdkreises stehend, verharrte und in Bitterkeit der Seele die schlecht verbrachten Jahre überdachte, wiederholte er immer wieder das Wort: Gott, sei mir Sünder gnädig! Da begann unsagbare Freude und höchste Wonne sich nach und nach in das Innerste seines Herzens zu ergießen. Auch wurde er allmählich ganz verändert; der Gemütssturm legte sich, die Finsternis wich, die infolge von Sündenangst sich über sein Herz gebreitet hatte; es wurde ihm die Gewissheit zuteil, alle seine Sünden seien ihm vergeben, und die Zuversicht in ihm erweckt, wieder zu Gnaden zu kommen. Dann geriet er in Verzückung und wurde ganz in Lichtflut eingetaucht" [1 C 26 (FQ, 215)].

Auch hier flieht Franziskus nicht. Er stellt sich seiner Vergangenheit, den „schlecht verbrachten Jahren", den Misserfolgen und Niederlagen, seinem Schatten, sich selbst. Das schmerzt und macht Angst. Aber genau so wird er verändert und schließlich in Licht getaucht. Alles darf er für Gnade halten.

Sich selbst annehmen – das ist vielleicht das Schwerste in einem geistlichen Leben. Wie viele Ideale haben gerade gläubige Menschen! Dabei merken wir aber ständig, dass wir diesen Idealen nicht entsprechen. Wir möchten anders sein. Wir sehen an anderen, was wir selbst nicht haben, und beneiden sie, nicht nur um ihr Aussehen, ihre Gesundheit oder ihren Erfolg, sondern manchmal auch um ihre geistliche Kraft. Mit solchen neidvollen Vergleichen aber entferne ich mich von mir selbst. Ich laufe vor mir weg. Natürlich muss und will ich an mir arbeiten. Ich bin noch unterwegs zu dem oder der, der oder die ich in den Augen Gottes sein darf. Aber ich komme dorthin nur, wenn ich mich zunächst einmal so annehme, wie ich bin, und nicht, indem ich vor mir fliehe. Jeder geistliche Weg beginnt mit der Annahme seiner selbst. Er gründet in der Demut, davon sind bereits die Väter des Mönchtums überzeugt. Demut meint nicht, sich aus einem Minderwertigkeitskomplex heraus kleinzumachen. Demut meint das ehrliche Stehen zu sich selbst. Demut ist „humilitas", Erdverbundenheit: Ich bleibe auf dem Boden der Wirklichkeit. Ich hebe nicht ab. Ich akzeptiere: So bin ich!

„Was nicht angenommen ist, ist auch nicht erlöst", sagt Gregor von Nazianz. Dieser Gedanke findet sich bei vielen Kirchenvätern. Er hat zunächst einen christologischen

Hintergrund: Nur wenn Gott in Jesus Christus tatsächlich unser gesamtes Menschsein angenommen hat, auch den vergänglichen Leib, kann der Mensch als Ganzes erlöst werden. Was für Christus gilt, gilt analog auch für mich: Nur wenn ich mich selbst annehme, kann ich auch von Gott geheilt und erlöst werden.

Die Annahme meiner selbst braucht den Mut, mich gerade auch dem Unangenehmen zu stellen, dem, was ich loswerden möchte oder gar nicht erst wahrhaben will. Das bedeutet meistens zuerst, meine eigenen Grenzen zu akzeptieren. Es kann aber auch genau das Gegenteil bedeuten, nämlich hinauszugehen aus dem sicheren Bereich des Gewohnten und Grenzen zu überschreiten. Grenzen akzeptieren und Grenzen überschreiten, beides ist oft sehr schmerzlich. Beides ist ein Stück echter Lebenskunst. Wer vorgegebene Grenzen zu schnell akzeptiert, vergibt sich viele Chancen. Andererseits ist es ein Zeichen von Reife, Begrenzungen annehmen zu können. Wer ein Leben lang nicht loskommt von kindlichen Allmachtsphantasien und ständig mit dem Kopf gegen die Wand rennt, macht sich kaputt. Tiefe Erfüllung geschieht oft gerade in weiser Beschränkung.

Bei Franziskus entdecke ich beides. Zunächst fällt auf, wie er Grenzen überschreitet: Der reiche Kaufmannssohn durchbricht die Barrieren sozialer Klassen und teilt das Leben der Ausgegrenzten. Ohne Angst verlässt er die schützenden Stadtmauern von Gubbio und begegnet draußen dem gefürchteten Wolf. In der Zeit der Kreuzzüge, in der sich Christen und Muslime größtenteils feindlich gegenüberstehen, überwindet er religiöse, kulturelle und politische Grenzen und ist fähig zum freundschaftlichen Dialog mit dem Sultan. Seine Brüder ermahnt er, die Grenzen bürgerlicher Anständigkeit zu durchbrechen: „Und mag zu ihnen kommen, wer da will, Freund oder Feind, Dieb oder Räuber, so soll er gütig aufgenommen werden“ [NbR 7,14 (FQ, 76)]. Es gibt aber auch das Andere: Franziskus akzeptiert Begrenztheit – und findet gerade so seine faszinierende Freiheit und eine tiefe Freude. Im Sonnengesang erhebt er sich nicht selbstgefällig als Krone der Schöpfung über alles andere, sondern fügt sich in seine menschlichen Begrenzungen: „Gelobt seist du, mein Herr, durch jene, die ... Krankheit ertragen und Drangsal. Selig jene, die solches ertragen in Frieden“ [Sonn 8 (FQ, 41)]. Zugleich fügt er sich solidarisch ein in den Kosmos als Bruder aller Geschöpfe. Er weiß, dass er nur der „ganz kleine Bruder“ und „Knecht“ ist [Test 41 (FQ, 62)]. Auch seine Gefährten „sollen schlechthin ‚Mindere Brüder‘ heißen“ [NbR 6,3 (FQ, 75)], allen anderen „untertan“ [vgl. Test 19 (FQ, 60)]. Auch in der Kirche ist ihr Platz unten, in einem Leben ohne Privilegien [vgl. Test 25 f. (FQ, 61)].

Franziskus verdrängt nichts von dem, was in ihm ist. Er nimmt es wahr. Er lässt es zu. Verdrängtes und Verstecktes macht immer noch Angst und bedroht. Es lauert unter der schönen Oberfläche, hinter der mühsam errichteten Fassade, und kann jederzeit wieder hervorbrechen. Wie viel Energie brauchen wir manchmal, um das unter der Decke zu halten, was wir selbst nicht sehen wollen und andere nicht sehen dürfen. Was dagegen offen wahrgenommen und zugelassen wird, verliert seinen Schrecken. Es gibt eine schöne Geschichte, in der Franziskus das, was ihn als eigene Möglichkeit verunsichert, offen wahrnimmt und zulässt. Er holt es sozusagen aus sich heraus und stellt es sich plastisch vor Augen, um es anschauen zu können: Von einer hartnäckigen „Versuchung zur Unzucht“ gepeinigt,

„nahm er Schnee ... und formte daraus sieben Klumpen. Diese legte er vor sich hin und begann zu seinem Leib also zu sprechen: ‚Schau her, dieser größere Klumpen da ist dein Weib. Von jenen vieren sind zwei deine Söhne und zwei deine Töchter. Die übrigen zwei sind Knecht und Magd, die du zum Dienst brauchst. Und jetzt beeile dich, alle zu bekleiden, sonst müssen sie vor Kälte sterben. Wenn dir aber die Sorge um so viele lästig fällt, so sei mit Eifer auf den Dienst des einen Herrn bedacht!'" [2 C 117 (FQ, 365)].

Die größte Bedrohung des Menschen ist der Tod. Mein Leben läuft auf seine Zerstörung zu. Der Tod ist die dunkle Seite des Lebens. Er kann alles bitter machen. Franziskus geht ihm am Ende seines Lebens genauso offen entgegen, wie er am Beginn seines Weges den Aussätzigen umarmt hatte: „Ja, sogar den Tod persönlich, allen schrecklich und verhasst, forderte er auf zum Lobpreis. Fröhlich ging er ihm entgegen und lud ihn ein zu Gast: ‚Sei willkommen, meine Schwester Tod!' Zum Arzt aber sagte er: ‚Mut, Bruder Arzt, sag es mir nur, dass der Tod sehr nahe ist; er wird mir die Pforte zum Leben sein!'" [2 C 217 (FQ, 417)]. Alles darf er für Gnade halten, selbst den Tod.

Zulassen meint Zweierlei, auch bei Franziskus. Es geht darum, das Bittere zuzulassen und anzunehmen. Aber ich darf und muss auch zulassen können, dass ich schon längst angenommen bin von Gott. In dem Augenblick, in dem Franziskus das annimmt, was in ihm dunkel ist, „die schlecht verbrachten Jahre", wird ihm auch „Gewissheit zuteil, alle seine Sünden seien ihm vergeben, und die Zuversicht in ihm erweckt, wieder zu Gnaden zu kommen". Es gibt die Angst, nicht geliebt zu werden. Und es gibt so etwas wie eine Hemmung, manchmal fast die Weigerung, sich lieben zu lassen. Es ist das Erschrecken darüber, „wieder zu Gnaden zu kommen“ und angenommen zu sein, einfach so, gratis, unverdient, geschenkt. Franziskus kann beides zulassen und beides annehmen! Er lässt seine Ängste zu – und lässt es zu, geliebt zu sein!

Das ist ein Kreislauf: Je mehr ich bereit bin, mich selbst anzunehmen, umso mehr erfahre ich, dass Gott mich schon längst angenommen hat. Und je mehr ich erfahre, dass ich von Gott angenommen bin, desto mehr werde ich mich selbst annehmen können. Ich kann nur zulassen, von Gott geliebt zu sein, wo ich mich selbst mit allen meinen dunklen Möglichkeiten zulasse. Und ich werde auch das Bittere und Angstmachende in mir nur zulassen können, wo ich zulasse, dass Gott mich liebt.

Merkwürdig, dass es so etwas gibt: ein Erschrecken darüber, geliebt zu sein! Die US-amerikanische Autorin Marianne Williamson schreibt dazu:

„Unsere tiefste Angst ist nicht,
dass wir unzulänglich sind.
Unsere tiefste Angst ist,
dass wir unermesslich machtvoll sind.
Es ist unser Licht, das wir fürchten,
nicht unsere Dunkelheit.
Wir fragen uns: ‚Wer bin ich eigentlich,
dass ich leuchtend, begnadet, phantastisch sein darf?‘
Wer bist du eigentlich, um dies nicht zu sein?
Du bist ein Kind Gottes.
Wenn du dich klein machst, dient das nicht der Welt.
Es hat nichts mit Erleuchtung zu tun,
wenn du dich klein machst,

nur damit andere sich in deiner Nähe
nicht verunsichert fühlen.
Wir sind geboren, um die Herrlichkeit Gottes
zu verwirklichen, die in uns ist.
Sie ist nicht nur in einigen von uns,
sie ist in jedem Menschen.
Und wenn wir unser Licht erstrahlen lassen,
geben wir unbewusst anderen die Erlaubnis,
dasselbe zu tun.
Wenn wir uns von unseren Ängsten befreit haben,
wird unsere Anwesenheit ohne unser Zutun
andere befreien.“[5]

Ich darf groß und stark sein! Was in frommen Ohren schnell nach Hochmut klingt, ist christlicher Realismus: Ich bin wichtig und wertvoll! Ich bin geliebt. Ich bin immer schon von Gott angenommen. Ich bin „voll der Gnade“! Wie viel Energie und welche vertrauensvolle Gelassenheit strömen mir zu, wenn das wirklich stimmt: Gott hat definitiv ja zu mir gesagt! Und dieses Ja ist stärker als die vielen Neins, die mich ständig kleinmachen wollen.

Warum fällt es manchmal so schwer, das bedingungslose Angenommen-Sein von Gott zuzulassen? Irgendwie steckt tief in uns die Überzeugung, wir müssten uns Liebe erst verdienen. Gott könne uns nur lieben, wenn wir brav und artig sind, das alte Muster der Kindheit. Nein, Gott liebt mich so, wie ich bin, trotz allem und mit allem. Das ist das Geheimnis des Bußsakraments: Nicht als vorbildlichem Christen wendet sich Gott mir zu, sondern gerade im Bekenntnis meiner Begrenztheit und meiner Schuld. Wo ich schuldig werde, falle ich nicht aus der Liebe Gottes heraus. Ich bin als Sünder angenommen, nicht als Gerechter. Alles darf ich für Gnade halten.

Wenn ich mich selbst annehmen kann und von Gott angenommen weiß, mit meinen hellen und dunklen Seiten, dann führt das zu einer großen Ehrlichkeit und Freiheit. Ich muss niemandem mehr etwas vormachen und vorspielen, anderen Menschen nicht, Gott nicht, aber auch mir selbst nicht. Thomas von Celano erzählt, wie ein Bruder mitten im tiefsten Winter Franziskus ein Stück Fuchspelz bringt, damit dieser es unter seinen Habit nähe, um den kranken Magen zu wärmen. Franziskus willigt nur ein, wenn ein Pelzstück gleicher Größe auch außen auf den Stoff genäht wird, damit er „außen sich nicht anders zeige als innen“ [2 C 130 (FQ, 372)]. Er muss und will niemandem etwas vortäuschen. Er kann ehrlich und authentisch sein, innen wie außen. Er hat sich angenommen. Gott hat ihn angenommen. Und das macht frei.

Loslassen

Franziskus erlebt seine Lebenswende in der Begegnung mit dem Aussätzigen zunächst als einen inneren Vorgang: Bitteres wird süß. Die entscheidenden Maßstäbe für das, was im Leben „bitter“ und „süß“ ist, wichtig und unwichtig, wertvoll und wertlos, richtig und falsch, werden völlig neu justiert. Aber es bleibt nicht bei einer inneren Wahrnehmung. Die innere Wandlung zeigt sich außen in folgenschweren Entscheidungen: „Und danach hielt ich eine Weile inne und verließ die Welt.“ Er gibt sein bisheriges „Leben in Sünde“ auf, damit das neue „Leben der Buße“ beginnen kann.

Aus der bisherigen Welt hinausgehen und Vertrautes loslassen, um Neues zu beginnen, das ist eine Grunderfahrung von Franziskus. Er macht sie schon vor der Begegnung mit dem Aussätzigen: Im Frühjahr 1205 war er zu einem Kriegszug in den Süden Italiens aufgebrochen, getrieben von großen Träumen und der Aussicht auf Reichtum und Erfolg. Aber schon in Spoleto, keine 40 Kilometer von Assisi entfernt, hört er die Frage, „wer ihm denn Besseres geben könne: der Herr oder der Knecht". Der Herr natürlich. „Warum suchst du dann den Knecht statt den Herrn?" [2 C 6 (FQ, 302)]. Franziskus bricht daraufhin sein eben erst begonnenes Unternehmen wieder ab. Und das Loslassen geht auch weiter, nachdem er dem Aussätzigen begegnet ist: Es kommt zwangsläufig zur Trennung von seinem Vater, dessen Welt von völlig anderen Wertvorstellungen bestimmt ist. Die innere Weichenstellung führt also zu unmittelbar spürbaren Eingriffen in die alltägliche Lebenswirklichkeit, zum Verzicht auf das Erbe, auf Geld und rechtliche Sicherheiten. Spiritualität bleibt nie nur innen, sie verlangt außen konkrete Entscheidungen.

„Exivi de saeculo", heißt es im auf Latein verfassten Testament, „ich ging raus aus der Welt". Was mit dem Aussätzigen beginnt, wird für Franziskus zum roten Faden seines Lebens: Er verlässt seine reiche Familie, um draußen mit den Hinaus-Gesetzten zu leben. Er verlässt den vertrauten Bereich der christianitas, um draußen in der Fremde von einem Muslim zu lernen. Exodus-Spiritualität ist das, Spiritualität des Loslassens und Rausgehens. Franziskus möchte diese Spiritualität auch für seine Brüder festhalten und in einer konkreten Lebensform institutionalisieren: Sie „sollen sich nichts aneignen, weder Haus noch Ort noch sonst eine Sache. Und gleichwie Pilger und Fremdlinge in dieser Welt ... mögen sie voll Vertrauen um Almosen bitten gehen" [BR 6,1 f. (FQ, 98)]. Das Unterwegssein ist für Franziskus keine Methode, die etwa von der Predigttätigkeit gefordert wäre, sondern notwendige äußere Form und Konsequenz seines entscheidenden Bekehrungserlebnisses: Der Herr selbst hat sein „Leben der Buße" initiiert, einen Wandlungsweg ständiger Umkehr, der genau darin besteht, dass er immer wieder loslässt und „hinausgeht".

Loslassen-Können ist ein Stück echter Lebenskunst. Oft muss ich erst etwas loslassen, damit Neues beginnen kann. Wer auf eigenen Beinen stehen will, muss sich irgendwann einmal von den Eltern lösen. Irgendwann muss ich von der Kindheit, der Jugend, dem aktiven Berufsleben Abschied nehmen, um die Chancen des neuen Lebensabschnitts wahrzunehmen. Ohne die Bereitschaft, bisherige (Vor-)Urteile kritisch zu hinterfragen, komme ich nicht auf kreative neue Ideen. Das alles ist nicht einfach. Das hat letztlich immer mit Sterben zu tun. Aber nur so geht Leben.

Leben ereignet sich im Loslassen. Das ist auch eine Grundbotschaft Jesu. Ich finde sie anschaulich dargestellt in der Geschichte von der Auferweckung des Lazarus. Die große Angst des Menschen, sagen wir oft, ist die Angst vor dem Tod. Stimmt das? Oder ist es nicht eigentlich die Angst vor dem Leben? In der Darstellung mancher modernen Künstler reißt Lazarus angstvoll die Augen auf, weil er in das Leben zurückkehren muss. Die Grabhöhle war ein Todesort, kein Ort zum Leben. Aber irgendwie gab sie doch auch Geborgenheit. Jede Höhle ist auch Bild für den Mutterschoß, in dem wir gut aufgehoben sind. Das Leben draußen dagegen ist anstrengend. Das neugeborene

Kind schreit erst einmal. Leben macht Angst. Selbstverständlich möchte ich leben. Ich möchte heraus aus den dunklen Todeshöhlen und Gräbern, aus allem, was mich gefangen hält. Ich sehne mich nach mehr Lebendigkeit und Zukunft. Aber zugleich ist das auch mühsam und riskant. Das neue Leben stößt in mir selbst auf Widerstände. Loslassen kostet Kraft. Die alten Gleise, die eingefahrenen Wege, das eingeschliffene Denken sind bequemer. Lazarus gelingt der Schritt aus der Todeshöhle, weil Jesus ihn ruft: „Lazarus, komm heraus!" (Joh 11,43). Der Weg aus der bisherigen Geborgenheit in eine neue Zukunft wird möglich durch den Ruf Jesu. Dieser Ruf ist „heraus-fordernd", „pro-vozierend" im wahrsten Sinn des Wortes. Eine „Pro-Vokation" mutet einiges zu. Aber sie ist immer auch Vokation, Berufung. Was ich als Provokation empfinde, kann der Ruf des Herrn sein.

Jesus erweckt Lazarus zum Leben. Aber er sagt auch zu den Umstehenden: „Löst ihm die Binden" (Joh 11,44). Lazarus war nicht nur einfach gestorben. Er ist gebunden. Andere haben ihn totgebunden. Manchmal fesseln wir uns selbst und andere, vielleicht mit den besten Absichten: Wir schreiben ihnen Rollen zu. Wir nageln sie auf bisherige Erfahrungen fest. Ich definiere mich oder andere nur über bestimmte Funktionen. Ich habe feste Erwartungen an mich und andere, die verhindern, dass ich darüber hinaus Neues wahrnehme. Manchmal kann nichts Neues geschehen, weil wir uns selbst an das Bisherige festbinden. „Bindet ihn los!", sagt Jesus. Wir können und sollen uns auch gegenseitig zur Freiheit verhelfen. Sind wir füreinander Geburtshelfer oder Totengräber? Binden wir einander fest oder „entbinden" wir einander?

Fesseln sind etwas Äußeres. Ich kann sie aufbinden oder durchschneiden. Wenn Jesus sagt „Lasst ihn gehen!", dann verlangt er ein inneres Loslassen und eine innere Zulassung. Er fordert mich auf, dass ich mich selbst oder auch andere loslasse. Dass ich mir und anderen erlaube, lebendig zu sein, mit den eigenen Füßen einen eigenen Weg zu gehen. Ich darf das Bisherige loslassen. Ich darf andere loslassen. Ich darf Leben zulassen. Ich muss keine Angst haben vor mehr Leben. Denn ich darf alles für Gnade halten.

Bleiben

Die Begegnung mit dem Aussätzigen ist für Franziskus der entscheidende Impuls, „das Leben der Buße zu beginnen". „Büßer von Assisi" nennen sich die ersten Brüder. Sie sind Pilger, Wegmenschen. Und das ist ja durchaus eine Grunddynamik im Leben: aufbrechen, sich verändern, umdenken, unterwegs sein. Dennoch fallen Abschiednehmen und Loslassen immer auch schwer. Denn es gibt da noch die andere fundamentale Sehnsucht: bleiben wollen, verweilen dürfen, finden und festhalten. Ich bin ich und ich möchte ich bleiben. Ich möchte mir selbst treu sein durch alle Wandlungen hindurch. Ich suche Identität. Aber auch Beziehungen und Freundschaften sollen bleiben, selbst durch den Tod hindurch.

Loslassen und Bleiben müssen keine Alternativen sein: entweder loslassen oder bleiben. Wer ständig loslässt und immer nur aufbricht, verliert sich. Wer nur bleiben will, wird unbeweglich und erstarrt. Loslassen und Bleiben markieren zwei Pole, zwischen denen sich die Grundspannung des Lebens abspielt. Beides gehört immer zum Leben dazu. Nur wo beides gegeben ist, ist Leben möglich. Was bleibt, zeigt sich darum nicht im krampfhaften Festhalten. Das Entscheidende bleibt durch Abschiede hindurch!

„Es ist gut für euch, dass ich fortgehe" (Joh 16,7), belehrt Jesus die Jünger. Sie müssen ihn gehen lassen. Der Auferstandene sagt das ausdrücklich zu Maria Magdalena: „Halte mich nicht fest" (Joh 20,17). Auch die Emmausjünger können Jesus nicht festhalten: Er schenkt sich und entzieht sich wieder. Nur wenn die Jünger und die Frauen Jesus gehen lassen, kann er neu und anders bleiben: „Ich werde den Vater bitten, und er wird euch einen anderen Beistand geben, der für immer bei euch bleiben soll" (Joh 14,16). Nicht: bleiben oder loslassen. Im Loslassen ereignet sich das, was bleibt.

Es ist interessant, dass der Geist Gottes für beides steht, für das Loslassen und für das Bleiben. Einerseits treibt er voran, schafft Dynamik, bewirkt Veränderung. Das illustrieren die schönen Bilder der Pfingstsequenz: „Wärme du, was kalt und hart. Löse, was in sich erstarrt. Lenke, was den Weg verfehlt. Was befleckt ist, wasche rein. Dürrem gieße Leben ein. Heile du, wo Krankheit quält." Es ist der Geist, der uns „in die ganze Wahrheit führt" (vgl. Joh 16,13). Mit dem Glauben komme ich nie an ein Ende. Ich kann immer noch tiefer eintreten in die Beziehung zu Gott. Gottes Geist bewahrt mich davor, stehen zu bleiben und mich vorschnell zufrieden zu geben. Er eröffnet ungeahnte Möglichkeiten. „Wenige Menschen ahnen, was Gott aus ihnen machen würde, wenn sie sich ihm ganz überließen", hat Ignatius von Loyola gesagt. Zugleich aber ist der Heilige Geist auch der Geist, der bleiben lässt.

Er lässt in Jesus bleiben, erinnert an ihn, hält ihn gegenwärtig. „Er wird von dem, was mein ist, nehmen und es euch verkünden" (Joh 16,14).

Der junge Franziskus durchlebt einen jahrelangen Suchprozess. Aber es ist keine Suche um der Suche willen. Der Weg ist eben nicht das Ziel. Der Weg kann nie das Ziel sein, er führt immer zu einem Ziel. Franziskus macht als bleibend Suchender doch auch sehr deutlich die Erfahrung, gefunden zu haben: „So hat der Herr mir, dem Bruder Franziskus, gegeben, das Leben der Buße zu beginnen: denn als ich in Sünden war ..." [Test 1 (FQ, 59)]. Diese Sätze markieren klare Einschnitte: Etwas beginnt, weil etwas anderes endet. Erst das Leben in Sünde, dann das Leben der Buße. Erst das Bittere, dann das Süße. Er hat etwas gefunden, das bleibt. Und er bleibt dabei.

Es gibt in der Biographie von Franziskus einen Ort, der für ihn endgültig die beiden Spannungspole Aufbrechen und Bleiben vereint: Portiunkula. Die kleine Kapelle in der Ebene vor Assisi ist Ort des Aufbruchs: Als Franziskus dort das Evangelium von der Aussendung der Jünger hört, bricht er sofort zum Predigen auf. Von dort aus werden die ersten Brüder nach Ungarn, Deutschland und England gesandt. Und dort möchte er sterbend den letzten großen Aufbruch in die ewige Freude Gottes wagen. Zugleich ist Portiunkula aber auch ein Bleibe-Ort, der für ihn und die Brüder eine sichere Heimat darstellt. Dorthin kehren sie nach ihren Wanderpredigten immer wieder zurück, um sich ihrer Gemeinschaft zu vergewissern. Derselbe Franziskus, der seinen Brüdern in der Regel streng gebietet, sich keinen Ort anzueignen, legt ihnen zugleich ans Herz, diesen einen Ort niemals zu verlassen. „Wenn ihr auf der einen Seite hinausgejagt werdet, geht auf der anderen wieder hinein“ [1 C 106 (FQ, 264)]. Dort sollen sie bleiben! Die Brüder sollen keine festen Häuser haben, aber doch wissen, wo sie hingehören. Nur wer weiß, wo er hingehört, kann immer wieder neu aufbrechen. Und nur der kann in der Fremde sich auf ständig neue Erfahrungen einlassen, der weiß, dass er wieder heimkehren darf.

Wie kann Portiunkula beides sein – Aufbruchs-Ort und Bleibe-Ort in einem? Wie kann diese kleine Kapelle den entscheidenden Impuls geben zum Loslassen und zugleich Heimat sein? Als Franziskus in Portiunkula hört, „dass die Jünger Christi nicht Gold oder Silber noch Geld besitzen, weder Beutel, noch Reisetasche, noch Brot, noch einen Stab auf den Weg mitnehmen, weder Schuhe noch zwei Röcke tragen dürfen, sondern nur das Reich Gottes und Buße predigen sollten, frohlockte er sogleich im Geiste Gottes und sprach: ‚Das ist's, was ich will, das ist's, was ich suche, das verlange ich aus innerstem Herzen zu tun'“ [1 C 22 (FQ, 212f)]. Jetzt weiß er, was er will: das Evangelium leben. Wie Christus leben. Christus und sein Evangelium – das ist seine Berufung, sein Ort, sein „Ding“, seine Identität. Und er spürt: In dieser meiner Berufung kann ich bleiben, sosehr mich auch das Leben herumwirft. Hier finde ich festen Stand, hier habe ich eine Heimat, die mir niemand nehmen kann. Und umgekehrt: Gerade meine Berufung, meine Identität fordert den Aufbruch und schickt mich auf den Weg. Er kann die Umkehr, das Loslassen und Aufbrechen, das ständige Unterwegs-Sein zum Programm und sich immer neu auf den Nachfolge-Weg machen, weil er in seiner Christus-Beziehung endgültig seinen Bleibe-Ort gefunden hat.

Gesunde Identität lebt in der Spannung von Bleiben und Gehen. Bleiben: Ich habe meinen Ort gefunden, ich ruhe in mir und habe darum eine gewisse Stabilität und Gelassenheit. Gehen: Ich bin dennoch nicht fundamentalistisch auf etwas fixiert, sondern gehe in Treue zur großen Richtung meines Lebens weiter. Gerade weil ich weiß, wo ich zu Hause bin, kann ich weitergehen und muss keine Angst haben, mich auf dem Weg zu verlieren. Zugleich darf ich erfahren, dass ich bleibe, ohne zu erstarren. Bleiben und Gehen, alles darf ich für Gnade halten.

Wachsen

Sich verändern und bleiben sind keine Alternativen. Die unaufhebbare Spannung dieser Pole, die immer gleichzeitig gegeben sind, kennzeichnet echtes Leben. Ob etwas lebendig ist, zeigt sich gerade daran, ob es wächst. Und Wachstum ist eben beides: Kontinuität und Veränderung, Bleiben und Gehen, Festhalten und Loslassen. Ich bleibe ich, obwohl ich mich weiterentwickle. Der Säugling, das Kind, der Jugendliche, der Erwachsene, der alte Mensch – wie viel verändert sich da. Und doch trägt sich etwas durch, das mich unverwechselbar mich selbst sein lässt. Auch geistliche Lebendigkeit zeigt sich am Wachstum.

Spirituelles Leben hat durchaus eine harte Seite: unbequeme Entscheidungen, schmerzliche Korrekturen, Loslassen und Sterben. Dabei aber geht es nicht nur um die Wahl zwischen Richtig und Falsch, Gut und Böse. Entscheidend ist die Wachstumsdynamik im Guten. Eine lebensfördernde Alltags-Spiritualität wird darum nicht nur auf eindeutige Entscheidungen drängen. Sie wird auch helfen müssen, die bleibende Richtung des Lebens zu entdecken und auf diesem Weg zu wachsen.

Hierzu gibt es einen franziskanischen Spitzentext, den Brief von Franziskus an Bruder Leo. Leo hat ein Problem, mit dem er sich an Franziskus wendet. Wir wissen nicht, worum es in diesem Austausch geht. Wir kennen nur die kurze Antwort von Franziskus: „Auf welche Weise auch immer es dir besser erscheint, Gott, dem Herrn, zu gefallen und seinen Fußspuren und seiner Armut zu folgen, so tu[6] es mit dem Segen Gottes, des Herrn, und mit dem Gehorsam gegen mich" [Leo 3 (FQ, 107)].

Entscheidend ist der Komparativ „besser". Die Entscheidung gegen das Böse ist zu wenig. Sie kann zu einem statischen Verharren führen. Zielperspektive ist es, in den vielen Dingen, die gut sind, das Wichtige vom weniger Wichtigen zu unterscheiden, Prioritäten zu erkennen, Optionen zu treffen und so dynamisch im Guten zu wachsen.

Wir begegnen diesem Komparativ auch am Beginn der Franziskus-Biographie: Die Stimme in Spoleto hatte gefragt, wer ihm „Besseres" geben könne, der Knecht oder der Herr [2 C 6 (FQ, 302)]. Wenn Franziskus daraufhin das Ritterideal aufgibt, dann nicht, weil es in sich schlecht gewesen wäre. Aber die Entdeckung des Evangeliums war eben doch „besser". Und als ihm später der Kardinal Johannes von S. Paolo rät, sich für das Mönchs- oder Einsiedlerleben zu entscheiden, weist er es zurück, weil „eine *höhere* Sehnsucht ihn erfüllte" [1 C 33 (FQ, 219)]. Diese Wachstumsdynamik will Franziskus noch in seinem Testament auch an seine Brüder weitergeben: Er schreibt es, „damit wir die Regel, die wir versprochen haben, *besser* katholisch beobachten" [Test 34 (FQ, 62)].

Besser, höher, mehr – dahinter steckt nicht ein gnadenloser Zwang zu immer neuen Höchstleistungen, sondern ein ausgesprochen positives Menschenbild: Ich bin noch lange nicht am Ende. Wachstum und Entfaltung sind möglich. Eine Einladung also nicht zu mehr Leistung, sondern zu mehr Lebendigkeit und Erfüllung. Wir kennen diese Grundgefahr im Leben, irgendwann einmal abzuhängen und nur noch zu funktionieren. Das franziskanische „Besser" sorgt für Dynamik und hält in Bewegung. Es ist eine Einladung, noch ungelebte Möglichkeiten zu entdecken und zu verwirklichen: In mir, in meinem Leben, in meinen Beziehungen, auch in meiner Beziehung zu Christus, steckt noch mehr drin, als ich bisher verwirklicht habe.

Noch einmal wird verständlich, warum Franziskus den Brüdern in der Regel ans Herz legt, sich kein Haus und keinen Ort anzueignen, sondern wie Pilger und Fremdlinge in dieser Welt zu leben und voll Vertrauen um Almosen zu bitten. Sesshaftigkeit kann Ausdruck dafür sein, dass jemand mit sich und der Welt fertig ist. Er hat mit allem abgeschlossen und schließt darum auch sich selbst ein. Wer dagegen unterwegs ist, bleibt beweglich. Wer hofft, dass sich ihm fremde Türen auftun, muss sich selbst öffnen. Leben gibt es nur als dynamischen Wachstumsprozess. Und geistliches Leben gibt es nur als Nachfolge- und Bekehrungsweg.

Der Wachstumsprozess bei Franziskus ist zunächst einmal ein Weg vom Nein zum Ja. Zuerst kommt das Nein: *nicht* Ritter werden, *nicht* in den Krieg ziehen, *nicht* das Geschäft des Vaters übernehmen, sich *nicht* einer schon bestehenden religiösen Gemeinschaft anschließen. Aber aus diesem Nein erwächst ein klares Ja: „Das ist es, was ich will!" Das Nein ist wichtig, aber niemand lebt aus dem

Nein. Gelingendes Leben braucht ein großzügiges Ja. Gelungene Alltags-Spiritualität ist ein Weg vom Nein zum Ja.

Der Wachstumsprozess bei Franziskus ist dann ein Weg vom Traum und vom Spiel in die Wirklichkeit. Franziskus beginnt mit Träumen von einem Palast voller Waffen und mit dem „Bettlerspiel“ in Rom, wo er als junger Mann zuerst einmal nur probeweise seine Kleider mit einem Armen tauscht. Traum und Spiel aber führen nicht in ein Luftschloss, sondern in die harte Wirklichkeit – in die Begegnung mit dem Aussätzigen! Wenn er am Ende, von Christus verwundet, nackt ganz unten auf der bloßen Erde stirbt, ist er endgültig auf dem Boden der Realität angekommen. Gelungene Alltags-Spiritualität führt tiefer hinein in die Wirklichkeit von Mensch, Welt und Gott.

Und schließlich ist der Wachstumsprozess bei Franziskus ein Weg vom Ich zum Du. Am Anfang steht die Suche nach sich selbst, aber daraus wird ein Leben für andere und für Gott. Das zeigt sehr schön eine Gegenüberstellung seines ersten mit einem seiner letzten Gebete. Vor dem Kreuz von San Damiano betet er um Erleuchtung und Glaube, Hoffnung und Liebe *für sich*, damit er *seinen* Weg erkennt [vgl. GebKr (FQ, 13)]. Im Lobpreis von La Verna sagt er nur noch *Du – du* bist die Liebe, *du* bist die Weisheit, *du* bist aller Reichtum [vgl. LobGott 4 (FQ, 37)]. Gelungene Alltags-Spiritualität ist ein Weg vom Ich zum Du.

Ist jedes Wachsen schon gut? In der Wirtschaft ist Wachstum ein absoluter Wert. Mehr ist besser. Aus der Natur wissen wir: Es gibt ungesunde Wucherungen und Misswuchs. Wachstum ist nicht gleichbedeutend mit Fruchtbarkeit. Im Gegenteil, mit dem Bild vom Weinstock erklärt Jesus, dass man manchmal Gewachsenes wieder stutzen und abschneiden muss, um Frucht zu ermöglichen (vgl. Joh 15,2). Es gibt einen Fortschritt, der schadet. Nicht alles soll und darf wachsen.

Unser Glaube an die Menschwerdung Gottes hat mit Wachstum zu tun. Der Sohn Gottes ist nicht fertig vom Himmel gefallen, sondern wurde als kleines Kind geboren, „wuchs heran und wurde kräftig" (Lk 2,40). Er will auch in mir wachsen, in unserer Welt, „in uns Gestalt annehmen", wie Paulus sagt. Der Apostel spricht die Galater als seine Kinder an, „für die ich von neuem Geburtswehen erleide, bis Christus in euch Gestalt annimmt" (Gal 4,19). Wir sind unterwegs zum „Vollalter Christi": „So sollen wir alle zur Einheit im Glauben und in der Erkenntnis des Sohnes Gottes gelangen, damit wir zum vollkommenen Menschen werden und Christus in seiner vollendeten Gestalt darstellen" (Eph 4,13). „Wir wollen ... in allem wachsen, bis wir ihn erreicht haben" (Eph 4,15). Und der Täufer sagt mit Blick auf Jesus: „Er muss wachsen, ich aber muss kleiner werden" (Joh 3,30).

Viele Christen erleben den Glauben als ein durch Gebote und Verbote begrenztes System, das bestenfalls ein einigermaßen „anständiges" Leben sichert: Ich weiß, was ich tun muss und was ich nicht tun darf, damit ich nicht ganz auf die falsche Bahn gerate und abstürze. Ist das alles? Die entscheidende Frage heißt nicht: Beantwortet mir der Glaube alle Fragen und löst er alle Probleme? Sondern: Hilft mir meine Beziehung zu Christus, menschlich und geistlich zu wachsen, und zwar mein ganzes Leben hindurch? Wer alles für Gnade halten darf, hat dafür gute Voraussetzungen.

4. Den Alltag geistlich leben – Wie mache ich das?

Alles darf ich für Gnade halten. Gerade auch in „bitteren“ Erfahrungen kann ich auf den Geschmack des Lebens kommen. Davon ist Franziskus überzeugt. Das ist keine Idee, die er sich am Schreibtisch ausgedacht hat. Das hat er erfahren. Ich muss ihm das nicht blind glauben. Auch ich selbst kann diese Erfahrung machen. Dazu lädt mich Franziskus ein. Eine Erfahrung aber kann ich nicht gewaltsam herbeiführen. Ich mache eine Erfahrung gerade da, wo ich nichts „mache“, sondern aufmerksam werde für das, was mein Leben und meine Begegnungen mit mir machen und was darin Gott an mir tut. Ich kann keine spirituellen Erfahrungen produzieren, wohl aber eine Offenheit für das Handeln Gottes einüben.

Kultur der Aufmerksamkeit

„Gott hat Großes an mir getan“, sagt Maria (vgl. Lk 1,49). Er tut Großes an jedem Menschen. Stell dir vor, Gott tut etwas an dir – und du merkst es nicht! Eine Spiritualität des Alltags braucht eine Kultur der Aufmerksamkeit, die hilft, Gott alltäglich zu entdecken. „Eine heilige Aufmerksamkeit sollen wir für uns selber haben und zu allen Zeiten in uns tragen“, sagt Mechthild von Magdeburg. Wir kennen das Gegenteil, dass Menschen sich gehen lassen, nicht mehr auf sich achten, vergammeln. Es gibt auch ein geistliches Vergammeln, eine spirituelle Verwahrlosung, ein Vernachlässigen der eigenen Seele.

Ein schönes Dokument für eine Kultur der Aufmerksamkeit sich selbst gegenüber ist eine Abhandlung, die Bernhard von Clairvaux an Papst Eugen III. geschrieben hat, einen Mitbruder und ehemaligen Schüler. Darin heißt es: „Nichts ist der Seele so tief verwurzelt, dass es durch Vernachlässigung und den Lauf der Zeit nicht verlorengehen könnte. ... Ich fürchte, dass du inmitten deiner zahlreichen Beschäftigungen, deren Ende du nicht absiehst, deine Stirn verhärtest und dich dadurch nach und nach selbst der gerechtfertigten und nützlichen Schmerzempfindung beraubst. Viel klüger wäre es, dich von ihnen zumindest zeitweilig loszureißen, als dich von ihnen mitreißen und – langsam, aber sicher – dorthin führen zu lassen, wohin du nicht willst. Wohin, fragst du? Zu einem verhärteten Herzen. ... Das allein macht das harte Herz aus, dass es vor sich selbst nicht erschrickt, weil es sich selbst nicht mehr wahrnimmt. ... Denn was nützt es dir sonst, wenn du alle gewinnst, wie der Herr sagt, nur dich selbst aber verlierst? ... Wer gegen sich selbst böse ist, gegen wen ist der gut? Achte also darauf, dass du dir – ich will nicht sagen, immer, nicht einmal häufig, doch dann und wann – Zeit für dich selber nimmst!“[7]

Eine solche Kultur der Aufmerksamkeit besteht vornehmlich in einer inneren Haltung, aber sie braucht auch äußere Formen. Sie braucht regelmäßige Zeiten der Stille und des tatsächlichen Zurückgezogen-Seins – im Verlauf eines Tages, einer Woche, eines Monat oder eines jeden Jahres. Sie braucht die Reflexion über sich selbst, etwa im Gebet der liebenden Aufmerksamkeit am Ende eines Tages oder im Rahmen des Bußsakraments. Dabei übe ich mich darin, mich selbst und meine Wirklichkeit mit den Augen Jesu anzusehen. Ich schaue noch einmal genau hin, um seine Spuren nicht zu verpassen in dem, was ich erfahren habe. Ich höre meinen Alltag ab, ob da nicht auch ein Wort von ihm aufklingt. Ich spüre dem Erlebten nach, um vielleicht geheimnisvolle Tiefenschichten zu entdecken. Ich lasse mir auch Bitteres nochmals auf der Zunge zergehen und schmecke nach, ob ich darin nicht doch auf eine verborgene Süßigkeit stoßen kann. Ich kann meinem Leben keinen Sinn geben. Aber es liegt durchaus auch an mir, ob sich das, was ich erlebe, auf einen Sinn hin öffnet oder nicht.

Eine Kultur der Aufmerksamkeit für mich selbst hat auch etwas zu tun mit der Entdeckung meiner ganz persönlichen Berufung. Natürlich, das Evangelium ist für alle gleich. Und doch gibt es einen Ruf, der nur für mich gilt. Eine Aufgabe, die gerade mir gestellt ist. Einen Weg, den nur ich gehen darf und gehen muss. Romano Guardini schreibt in seinen autobiographischen Aufzeichnungen am 1. August 1964: „Heute Nacht, aber es war wohl morgens, wenn die Träume kommen, dann kam auch zu mir einer. Was darin geschah, weiß ich nicht mehr, aber es wurde etwas gesagt, ob zu mir oder von mir selbst, auch das weiß ich nicht mehr. Es wurde also gesagt, wenn der Mensch geboren wird, wird ihm ein Wort mitgegeben, und es war wichtig, was gemeint war: nicht nur eine Veranlagung, sondern ein Wort. Das wird hineingesprochen in sein Wesen, und es ist wie das Passwort zu allem, was dann geschieht. Es ist Kraft und Schwäche zugleich. Es ist Auftrag und Verheißung. Es ist Schutz und Gefährdung. Alles, was dann im Gang der Jahre geschieht, ist Auswirkung dieses Wortes, ist Erläuterung und Erfüllung. Und es kommt alles darauf an, dass der, dem es zugesprochen wird – jeder Mensch, denn jedem wird eins zugesprochen –, es versteht und mit ihm ins Einvernehmen kommt. Und vielleicht wird dieses Wort die Unterlage sein zu dem, was der Richter einmal zu ihm sprechen wird."[8]

Der kontemplative und liebevolle Blick auf das eigene Leben hilft mir, durch die Oberfläche meines Alltags durchzublicken, tiefer zu sehen und die auf den ersten Blick oft stumme oder sogar feindliche Wirklichkeit auf den in ihr verborgenen Ruf Gottes hin aufzubrechen. Worin besteht meine ganz persönliche Berufung? Wie lautet das Wort an mich? Konkret kann ich mich fragen: Worum kreist alles in meinem Leben? Was ist die innerste Mitte, die für mich alles zusammenhält? Ist in meinem Leben durch alle Sprünge und Risse hindurch eine große Linie erkennbar? Entdecke ich in meiner Geschichte eine bestimmte Richtung, ein Gefälle? Wonach sehne ich mich immer wieder? Wodurch fühle ich mich regelmäßig bedroht? Welche Herausforderung lässt mich nicht los? In welchen Situationen fühle ich mich ganz bei mir? Wann habe ich das Gefühl, dass meine Quellen sprudeln? Welche „Botschaft" möchte ich mit meinem Leben weitergeben?

Eine Kultur der Aufmerksamkeit erzieht zur Geduld. Ich kann nichts machen und nichts herbeizwingen. Ich kann mich nur öffnen. Und dann muss ich warten. Zugleich aber führt sie zum Staunen und zur Dankbarkeit: „Wirklich, der Herr ist an diesem Ort, und ich wusste es nicht" (Gen 28,16). Ich darf ganz vieles für Gnade halten.

Hilfreiche Begleitung

In der „bitteren" und störenden Begegnung mit dem Aussätzigen hat Franziskus Führung durch Gott erfahren. Geistliches Leben reift nicht im Elfenbeinturm. Christliche Spiritualität ist kein religiöser Do-it-yourself-Baukasten, mit dem ich mir eine private Frömmigkeit im stillen Kämmerlein exklusiv nach meinen individuellen Bedürfnissen zurechtzimmern könnte. Gott begegnet von außen, oft in dem, was widerständig ist und provozierend. Darum braucht geistliches Leben nicht nur die persönliche Kultur der Aufmerksamkeit, sondern notwendig auch den Blick und die Begleitung von außen. Nicht nur das Gespräch mit mir und mit Gott, sondern auch das Gespräch mit einem anderen Menschen. Bei der Trauung betet der Priester für die Brautleute: „Dein Heiliger Geist lasse sie wachsen und reifen und einander fördern in allem Guten." Das gilt für Kirche allgemein: Als glaubende Menschen können und dürfen wir aneinander wachsen und reifen und einander fördern im Guten.

Es gibt einen schönen Text von Franziskus, der wesentliche Elemente einer solchen Begleitung aufzeigt, den bereits erwähnten „Brief an Bruder Leo":

„Bruder Leo, dein Bruder Franziskus
wünscht dir Heil und Frieden.
So sage ich dir, mein Sohn, wie eine Mutter:
Alle Worte, die wir auf dem Weg gesprochen haben,
fasse ich kurz in dieses Wort und diesen Rat,
und danach ist es nicht mehr nötig
wegen eines Rates zu mir zu kommen,
weil ich dir so rate:

Auf welche Weise auch immer es dir besser erscheint,
Gott, dem Herrn, zu gefallen
und seinen Fußspuren und seiner Armut zu folgen,
so tu[9] es mit dem Segen Gottes, des Herrn,
und mit dem Gehorsam gegen mich.
Und wenn es dir um deiner Seele
oder deines sonstigen Trostes willen notwendig ist
und du zu mir zurückkommen willst, so komm"
[Leo (FQ, 107)].

Miteinander Leben teilen …

Der kurze Brief übersteigt sich in doppelter Weise. Einmal am Anfang, nach vorne: Seine Geschichte beginnt vor dem Text, im Leben. Franziskus und Leo gehen zusammen einen Weg. Der eine hat ein Problem, der andere hört zu, ermuntert, rät. Das geschriebene Wort kommt erst später, hält nur fest, was im gemeinsamen Unterwegs-Sein schon längst Wirklichkeit ist. Der Text übersteigt sich aber auch am Ende, verweist über sich hinaus auf eine offene Zukunft. Er wurde aus dem Leben geboren und will Leben ermöglichen. Exponiert an letzter Stelle heißt es „Komm!". Er endet nicht mit einer abschließenden Feststellung, sondern mit einer Einladung. Er schließt also nicht ab, sondern eröffnet: So wie er Wegerfahrung zusammenfasst, will er neue Wegerfahrung anstoßen. Das ist die Grundlage jeder Begleitung: miteinander unterwegs sein, Leben teilen, gemeinsam Erfahrungen machen.

… und in wohlwollender Beziehung …

Leo ist in Not. Die Hilfe, die Franziskus ihm gewährt, ist kein „Etwas", kein Rat und keine Information, die er an den Bruder „abgeben" würde und mit der er ihn dann allein ließe. Franziskus schenkt vielmehr Beziehung. Beziehung ist „not-wendig", Not wendend. Es fällt auf, wie oft in diesem kurzen Text die Pronomina *du*, *dein*, *dir* begegnen. Leo wird persönlich mit Namen angesprochen und dadurch in eine lebendige Beziehung hineingenommen. Franziskus erinnert an die „Worte, die *wir* gesprochen haben". Da hält also nicht einer einen Vortrag und der andere muss einfach schlucken. Sie sprechen wirklich miteinander. Reden und Zuhören, Geben und Empfangen, gemeinsam fragen und gemeinsam Antworten suchen – das ist Beziehung. Schließlich begegnen ausdrückliche Beziehungsworte: „*Bruder* Leo, dein *Bruder* Franziskus wünscht dir Heil und Frieden". Der Bruder spricht zum Bruder. Die brüderliche Beziehung ist wohlwollend: Der andere wird nicht für eigene Interessen verzweckt. Es geht wirklich um ihn: Es soll ihm gut gehen, er soll Friede und Heil erfahren. Beziehung als Geschwisterlichkeit. Aber auch: „So sage ich dir, mein *Sohn*, wie eine *Mutter* …". Öfter vergleicht Franziskus das Verhältnis der Brüder mit der Mutter-Kind-Beziehung. „Und jeder liebe und nähre seinen Bruder, wie eine Mutter ihren Sohn liebt und nährt", heißt es in der Regel von 1221 [NbR 9,11 (FQ, 78)]. Und in der endgültigen Regel: „Und zuversichtlich soll einer dem anderen seine Not offenbaren; denn wenn schon eine Mutter ihren leiblichen Sohn nährt und liebt, um wie viel sorgfältiger muss einer seinen geistlichen Bruder lieben und nähren?" [BR 6,8 (FQ, 98)]. Es gibt also nicht nur die geschwisterliche Beziehung, bei der man sich auf gleicher Ebene begegnet. Es gibt auch die Beziehung, in der einer für den anderen Verantwortung trägt, wie eine Mutter für ihren Sohn. Beide Beziehungen gehören zusammen.

... achtsam und aufmerksam für die Situation des anderen ...
Leo hat ein Problem. Ihn quält etwas. Er ist unsicher, wie es für ihn weitergehen soll. Wir kennen die Vorgeschichte des kurzen Briefes nicht. Hat Franziskus die innere Not seines Bruders entdeckt und ist er von sich aus auf ihn zugegangen? Oder hat sich Leo an Franziskus gewandt und ihn um Hilfe gebeten? Wie dem auch sei, wichtig ist: Franziskus nimmt den Bruder wahr. Er nimmt sich Zeit für ihn. Er hört ihm aufmerksam zu. Er versetzt sich in seine Lage. Er versucht, ihn zu verstehen. Er spricht mit ihm. Er geht mit ihm einen Weg. Das geteilte Leben und die wohlwollende Beziehung wecken Achtsamkeit und Aufmerksamkeit für den anderen.

... und in Respekt vor seiner persönlichen Berufung ...
Wenn wir auch Leos Problem nicht kennen, so können wir doch dem Brief entnehmen, dass es darum ging, wie er „Gott, dem Herrn, gefallen" und „seinen Fußspuren und seiner Armut folgen" könne. Wie soll er, Leo, konkret das Evangelium leben? Das Evangelium ist bekannt und sein Anspruch steht fest. Dennoch muss sich jeder und jede Einzelne persönlich fragen, was dieses Evangelium genau für ihn oder sie bedeutet. Jede Zeit muss sich fragen, welcher Anspruch des Evangeliums genau sie trifft. Es gibt innerhalb einer gemeinsamen Berufung immer auch eine je eigene, persönliche. Darum darf sich niemand so in das persönliche Verhältnis zwischen Gott und Mensch einschalten, als könne er darin den Part Gottes ersetzen. Leo muss und darf den Fußspuren Jesu anders folgen als Franziskus selbst: Wie es *dir* scheint, schreibt Franziskus – nicht mir!

Franziskus entlässt Leo also in die eigene Freiheit. Welche Größe von Franziskus: Geh du deinen Weg, überlege und probiere selbst, wie du den Fußspuren Christi besser folgen kannst. Und wie immer du auch entscheiden wirst, du tust es im Gehorsam gegen mich. Franziskus erinnert Leo zwar an unverrückbare Vorgaben („den Fußspuren Jesu folgen“), aber er macht ihm keine Vorschriften. Er stellt ihn in die Verbindung zu Christus, ohne ihn an sich selbst zu binden: „und danach ist es nicht mehr nötig, wegen eines Rates zu mir zu kommen“. Später wohl hat Franziskus dann aber noch den letzten Vers hinzugefügt: „Und wenn es dir um deiner Seele oder deines sonstigen Trostes willen notwendig ist und du zu mir zurückkommen willst, so komm.“ Das heißt: Franziskus schickt Leo nicht weg – aber er bindet ihn auch nicht an sich. Du kannst jederzeit kommen – aber du musst nicht. Franziskus hilft Leo, sein Leben selbst in die Hand zu nehmen. Das ist ein Idealbild davon, wie Menschen einander fördern können, indem sie Vorgaben und Vereinbarungen klar einfordern und doch zugleich größtmögliche Freiheit lassen. Unverrückbare Treue zum Vorgegebenen geht zusammen mit einer durch nichts zu ersetzenden Eigenverantwortung. Es gibt einen selbstverständlichen Gehorsam, der gerade Individualität und Eigenständigkeit ermöglicht.

... neue Möglichkeiten erschließen und zur Verwirklichung ermutigen

Zentral in diesem Brief ist der Komparativ *besser.* Er steht für Wachstum, für neue, bisher noch nicht gelebte Möglichkeiten, für eine offene Zukunft. Bisher war eher von inneren Haltungen und sanften Tugenden die Rede: vom Zuhören und Mitgehen, von wohlwollender Beziehung, von Aufmerksamkeit und Achtsamkeit, vom Respekt vor der je eigenen Berufung. Das ist nicht alles. Am Ende fordert Franziskus auch auf zu konkretem Tun: Was immer dir besser erscheint – tu es. Das ist also wieder das Tun, das Anfangen und Anpacken, das für Franziskus so typisch ist, obwohl er alles andere ist als ein Macher. Mit der Frage nach dem Tun hatte alles angefangen. „Was willst du, Herr, das ich *tun* soll?“ [2 C 6 (FQ, 303)]. Und wenig später betet er in San Damiano nicht nur um die Gnade, den Auftrag des Herrn zu *erkennen*, sondern ihn zu *tun* [vgl. GebKr (FQ, 13)]. Am Beginn macht er sich die Hände schmutzig, schleppt Steine, wäscht die Wunden der Aussätzigen – und am Schluss ermahnt er, endlich anzufangen [vgl. 1 C 103 (FQ, 26 f)]. Wir können zwar nicht alles machen, aber durchaus etwas tun.

Im Brief an Bruder Leo lässt Franziskus erkennen, wie er Begleitung versteht: *miteinander Leben teilen und in wohlwollender Beziehung, achtsam und aufmerksam für die Situation des anderen und in Respekt vor seiner persönlichen Berufung neue Möglichkeiten erschließen und zur Verwirklichung ermutigen.*

Lust am Gestalten

Die Bibel erzählt gleich auf der ersten Seite, dass der Mensch aus dem Ackerboden geformt ist: Er ist Erde, Staub – aber mehr als ein Stück Dreck! Denn Gott selbst hat diesen Lehm in seine Hand genommen und etwas daraus gemacht. Er hat einem Stück Erde seinen Atem eingehaucht und seine Züge eingeprägt. Gott hat mich nicht nur als sein Ebenbild erschaffen, sondern lässt mich auch teilhaben an seiner eigenen Freiheit und an seinem schöpferischen Tun, damit ich in freier und kreativer Selbstentfaltung in mir immer mehr das Bild auspräge, das er selbst in mir angelegt hat.

Darin steckt ein mächtiger hoffnungsvoller und optimistischer Impuls: Ich bin nicht nur fremdbestimmt, ich muss nicht nur funktionieren – ich kann und darf mein Leben auch selbst gestalten! Ich bin also mehr als nur Produkt von Umwelt und Gesellschaft. Was ich werde, hängt nicht nur davon ab, was ich von Natur aus bin oder wem ich in die Hände falle, sondern auch davon, wie ich mich zu mir selbst verhalte und mein Leben vor Gott selbst in die Hand nehme. Da wäre vielleicht sogar ein Rückgriff auf Harry Potter angebracht: „Viel mehr als unsere Fähigkeiten sind es unsere Entscheidungen, Harry, die zeigen, wer wir wirklich sind", so Professor Dumbledore zum Zauberschüler. Mir ist es verwehrt, einfach nur vorhanden zu sein. Ich finde mich vor und kann und muss etwas mit mir anfangen. Ich bin mir selbst aufgegeben. Es ist wichtiger, wie ich mein Leben beende, als wie ich es begonnen habe. Christliche Spiritualität ist eine Spiritualität der Menschwerdung. Wir sind Menschen – und müssen und dürfen es immer mehr werden. „Wer Christus, dem vollkommenen Menschen, folgt, wird auch selbst mehr Mensch", heißt es in *Gaudium et Spes*.

Nachdem Franziskus dem Aussätzigen begegnet ist und Gott darin etwas an ihm getan hat, wird er selbst aktiv, trifft Entscheidungen und „verlässt die Welt". Gesunde Spiritualität erzieht nicht zur Passivität, sondern weckt Freude an der eigenen Lebensgestaltung. Es geht nicht nur darum, tiefer zu sehen, besser zu hören und warten zu können. Es geht auch darum, etwas mit Lust und Kraft zu tun. Dabei kommt nicht immer zuerst das Hören und dann das Tun, nicht unbedingt zuerst das Sehen und dann das Gestalten. Beide Haltungen bedingen sich eher gegenseitig und führen in einer Spiralbewegung weiter. Einsicht vollzieht sich nicht nur im Kopf, sondern auch durch das Tun. Das *Tun* des Wortes hilft mir, es tiefer zu *verstehen*. Also nicht immer erst verstehen wollen, um dann zu handeln. Sondern auch anfangen zu handeln, um dadurch besser zu verstehen. „Wer die Wahrheit *tut*, kommt ans Licht", sagt Jesus (Joh 3,21). Carlos Mesters drückt das so aus: „Die Worte der Bibel sind wie ein Samenkorn: Den Sinn, den sie für uns haben, offenbaren sie nur, wenn sie in den Boden des Lebens gesät worden sind." Das ist gut augustinisch: „Wir erkennen, soweit wir lieben." Der Weg eröffnet sich, wenn ich ihn gehe.

Mut zum Fragment

Globalisierung ist ein Zeichen unserer Zeit. Die Welt wächst immer mehr zusammen. Was irgendwo passiert, betrifft immer auch das Ganze. Zugleich erfahren wir, wie Welt und Gesellschaft auseinanderbrechen. Menschen leben in ganz verschiedenen Welten, grenzen einander aus, finden oft keine gemeinsame Sprache mehr. Mancher fühlt sich auch in sich selbst zerrissen und geteilt. Er lebt in verschiedenen Welten oder springt ständig von einer Welt in die andere. Die Vorstellungen und Träume der Jugend, spätere Enttäuschungen, völlig unerwartete Entwicklungen, Verluste, steckengebliebene Anfänge, Erfahrungen im Älterwerden – das passt oft nicht zusammen. Leben ist fragmentarisch, die Biographie ein Patchwork. Mein Leben muss ja nicht gleich ein Scherbenhaufen sein, aber aus einem Guss ist es auch nicht.

Hinter solchen Negativerfahrungen steht die Sehnsucht nach einer inneren Einheit und Ganzheit des Lebens. „Geh deinen Weg vor mir und sei rechtschaffen!“, sagt Gott zu Abraham (Gen 17,1). Martin Buber übersetzt: „Geh deinen Weg vor mir und sei ganz!“

Was machen wir mit den Bruchstücken unseres Lebens, wenn sie nicht zusammenpassen? Viele Menschen hängen dann ab, lassen alles nur noch laufen, reagieren apathisch oder gar giftig und zynisch. Dann wird ein Leben blass, langweilig, leer, verliert alle Spannung und allen Glanz. Oder aber die Einheit wird gewaltsam gesucht, die eigene Geschichte so lange umgedeutet, schöngeredet oder auch verdrängt, bis sie für mich stimmig ist. Das ist ideologisch und macht hart. Heraus kommt im besten Fall eine künstliche Ganzheit, eine vorgegaukelte Identität, die ich nur mit verbissener Kraft aufrechterhalten kann.

Am Ende des Weihnachtsevangeliums heißt es von der Gottesmutter: „Maria aber bewahrte alles, was geschehen war, in ihrem Herzen und dachte darüber nach“ (Lk 2,19). Zunächst einmal bewahrt sie: Sie wirft nichts weg, verdrängt nichts, biegt nichts um. Auch ihre Erfahrungen passen ja nicht immer gleich zusammen. Dieselbe Aussage begegnet nochmals, als sie Jesus im Tempel wiederfindet. Sie hatte ihn verloren. Gesucht. Nicht verstanden. Auch da passt nichts. Auch das sind zunächst unverständliche Bruchstücke. Und auch da heißt es: „Seine Mutter bewahrte alles, was geschehen war, in ihrem Herzen“ (Lk 2,51).

Das Geschehene im Herzen bewahren! Solches Bewahren ist Ausdruck von Dankbarkeit: Ich vergesse nicht das

Große, das Gott an mir getan hat. Ich gehe nicht einfach zur Tagesordnung über. Ich bewahre es in meinem Herzen, ich erinnere mich immer wieder daran. Aber auch das Andere bewahre ich, das, was ich momentan nicht verstehe, wo mir Gott fremd war und mich vielleicht sogar enttäuscht hat. „Kind, wie konntest du uns das antun?", fragt die Mutter ihren Sohn im Jerusalemer Tempel (Lk 2,48). Wir hören darin unsere Fragen an ihn: Wie kannst du das zulassen? Warum geschieht das gerade mir? Warum greifst du nicht ein? Manche Menschen, die solche Fragen stellen, wenden sich enttäuscht von Jesus ab. Maria nicht. Sie bewahrt auch das. Sie vertraut darauf, dass alles einen Sinn hat, auch wenn sie momentan noch nicht alles versteht.

Und dann „denkt sie darüber nach". Das hier von Lukas verwendete Verb „symballein" meint eigentlich „zusammenfügen", „vergleichen" und dann auch „sich zusammenreimen", „verstehen". Das Gegenteil steckt im „Diabolos", der auseinanderreißt und verwirrt. Luther übersetzt überlegter: „Maria aber behielt alle diese Worte und *bewegte* sie in ihrem Herzen." Fridolin Stier bleibt ganz nah am Urtext: „Maria aber hielt alle diese Worte verwahrt und *fügte sie in ihrem Herzen zusammen*." Mir kommt das Bild von Kindern beim Puzzle-Spiel in den Sinn. Sie bewegen und drehen die einzelnen Teile hin und her, halten sie immer wieder aneinander und versuchen, sie zusammenzusetzen, bis sie zueinanderpassen und ein Bild entsteht. Genau das tut Maria. Sie bewegt die fragmentarischen Stücke ihres Lebens so lange hin und her und setzt sie immer wieder neu zusammen, bis sich daraus ein sinnvolles Ganzes ergibt und sie Gottes Wirken in ihrem Leben erkennt und versteht. Bis sie spürt: Es passt doch!

Spüren zu dürfen, dass es trotz allen Durcheinanders, trotz aller Um- und Irrwege irgendwie passt, dass es den roten Faden in meinem Leben gibt – das meint Berufung. Als glaubende Menschen sagen wir dann, dass Gott uns führt, durch Höhen und Tiefen, dass er auch auf krummen Zeilen gerade schreibt. Wir hätten Berufung oft gerne anders, als glatte Laufbahn, auf der alles wie geplant und ideal verläuft. Aber auch Maria blieb das „Zusammensetzen" nicht erspart.

Die gebrochene Verwirklichung ist wirklicher als das reine, aber virtuelle Ideal. Sie führt einen Menschen zur Echtheit. Er kann dann zu seinen Fehlern und Schattenseiten stehen und gerade so die Freude über das Geführt-Werden entdecken. Der gewachsenen Identität wird man die Narben und Brüche ihres Werdens noch ansehen, nur die geliehene, die ausgeborgte Identität ist glatt und bruchlos. Identität meint darum auch den Mut zu einem konkreten Lebensentwurf (der vielleicht nicht ideal ist), die Entscheidung für einen konkreten Menschen (der auch seine Schattenseiten hat), zu einer konkreten Gemeinschaft (die manchmal schwierig ist), zu konkreten Formen der Gottesbeziehung (die auch anders aussehen könnten). Von Fulbert Steffensky stammt das schöne Wort von der „geglückten Halbheit". Das ist keine Einladung zur Mittelmäßigkeit, sondern zur Ehrlichkeit: „Sei nicht auf Erfüllung aus, sei vielmehr dankbar für geglückte Halbheit! Es gibt Ganzheitszwänge, die unsere Handlungen lähmen und entmutigen. … Sei nicht gewaltsam mit dir selbst. … Auch das Misslingen ist unsere Schwester und nicht unser Todfeind."[10]

Alles darf ich für Gnade halten. Auch dieses Wort lädt mich ein, die oft fragmentarischen und disparaten Bruchstücke meines Alltags wahrzunehmen und sie Gott hinzuhalten. Sie achtsam und liebevoll hin und her zu drehen, sie immer wieder neu aneinanderzuhalten und zusammenzusetzen, bis ich spüre, dass sich ein Bild ergibt, ein Thema, ein Ruf. Dazu brauche ich wie die Kinder beim Puzzlespiel viel Geduld. Und ich brauche den liebevollen Blick, der auch das Unpassende und Unschöne, das Dunkle und Verstörende nicht gleich aussortiert und wegwirft, sondern in die Hand nimmt und immer wieder anschaut.

Archäologen finden bei Ausgrabungen oft nur wenige Scherben und Bruchstücke eines Gefäßes. Dennoch kann aus ihnen das Ganze erschlossen und rekonstruiert werden. Das Ganze steckt im Fragment, hat Hans Urs von Balthasar einmal gesagt. In diesem Sinn schreibt auch Dietrich Bonhoeffer 1944 in einem Brief aus dem Militärgefängnis Berlin-Tegel an einen Freund: „Je länger wir aus unserem eigentlichen beruflichen und persönlichen Lebensbereich herausgerissen sind, desto mehr empfinden wir, dass unser Leben – im Unterschied zu dem unserer Eltern – fragmentarischen Charakter hat … Unsere geistige Existenz aber bleibt dabei ein Torso. Es kommt wohl nur darauf an, ob man dem Fragment unseres Lebens noch ansieht, wie das Ganze eigentlich angelegt und gedacht war und aus welchem Material es besteht. Es gibt schließlich Fragmente, die nur noch auf den Kerichthaufen gehören …, und solche, die bedeutsam sind auf Jahrhunderte hinaus, weil ihre Vollendung nur eine göttliche Sache sein kann … Wenn unser Leben auch nur ein entferntester Abglanz eines solchen Fragments ist, in dem wenigstens eine kurze Zeit lang die sich immer stärker häufenden Themata zusammenstimmen …, dann wollen wir uns auch über unser fragmentarisches Leben nicht beklagen, sondern daran sogar noch froh werden.“[11]

Ich darf alles für Gnade halten. Und dennoch erfahre ich: Es ist nicht alles Gnade! Und ich darf nicht naiv sein. Es passt nicht immer alles. Es gibt Erfahrungen, die bleiben einfach nur dunkel und kalt, ohne dass sie sich in ein Bild einfügen. Manches bleibt so kaputt und zerbrochen, dass es sich nicht in ein stimmiges Ganzes integrieren lässt. Auch das erleben Kinder beim Puzzlespiel: Da fehlen einfach Teile, die gibt es nicht mehr. Oder da wurden Teile aus einem anderen Spiel dazugemischt, die tatsächlich nicht passen, sosehr ich sie auch hin und her drehe. Dann darf ich dem Herrn auch die Lebensstücke vorhalten, mit denen ich nichts anfangen kann, und ihn selbst um Vollendung bitten.

5. Ein Bild zum Schluss: Rückkehr mit geöffneten Augen

Am Ende kommt mir die Geschichte der Emmausjünger in den Sinn (vgl. Lk 24,13–35). Sie fasst noch einmal vieles zusammen, was wir bedacht haben: Kleopas und der andere Jünger stehen auch vor einem Scherbenhaufen. Die großen Hoffnungen, die sie auf Jesus gesetzt hatten, haben sich nicht erfüllt. Ein Lebensentwurf ist zerbrochen. Ihre verschiedenen Erfahrungen mit diesem Jesus, angefangen von ihrer Berufung bis zu seinem Tod am Kreuz, passen nicht zusammen. Und darum fliehen sie. Sie laufen weg aus Jerusalem. Seit der Hinrichtung Jesu ist diese Stadt für sie negativ besetzt. Sie wollen einfach nur vergessen.

Aber sie bleiben miteinander im Gespräch. Sie reden über all das, was sich ereignet hat. Sie verdrängen ihre dunklen Erfahrungen nicht. Sie stellen sich dem Bitteren, den Widersprüchen, den Fragen. Sie nehmen die Bruchstücke ihres Lebens immer wieder in die Hand, drehen sie hin und her, schauen sie von allen Seiten an, stellen immer wieder die gleichen Fragen. Und trotz aller Enttäuschungen verschließen sie sich nicht resigniert in sich selbst. Sie bleiben offen für einen Fremden, der ihnen zufällig begegnet und wohl auch stört, weil er als Einziger nicht weiß, was da in Jerusalem geschehen ist.

Eine neuerliche Wende in ihrem Leben wird eintreten, weil sie offen waren für diesen Fremden. Weil sie sich auf diese nicht geplante Begegnung eingelassen haben. Das

Wort, das ihnen hilft, konnten sie sich nicht selbst sagen. Es musste von einem anderen kommen. Von außen bekommt ihre Biographie eine neue Richtung.

Neues in ihrem Leben wird nicht deshalb möglich, weil sich äußere Umstände verändert hätten. Die Geschichte bleibt die, die sie ist. Das Kreuz bleibt. Der Tod Jesu bleibt. Die Wirklichkeit bleibt. Aber plötzlich können sie das alles anders sehen. Ihnen gehen die Augen auf. Sie blicken durch die Oberfläche hindurch und verstehen, wie das alles zusammenhängt. „Musste nicht der Messias all das erleiden?" (Lk 24,26). Sie entdecken eine innere Logik, einen tieferen Sinn, den roten Faden, der sich durchzieht und die disparaten Bruchstücke nun in einem neuen Zusammenhang als Teile eines Ganzen verstehen lässt. Plötzlich passt vieles. Es ergibt sich ein stimmiges und sinnvolles Bild. Und mit dieser neuen Sicht wird die Wirklichkeit neu. Da wird plötzlich Bitteres süß. Da hat das Leben auf einmal wieder Geschmack bekommen. Da schmeckt Alltag wieder nach Zukunft. Das leere Herz fängt wieder an zu brennen.

Ihr Leben wird in dem Augenblick neu, als sie es mit den Augen Jesu anschauen. Sie erkennen: Er ist da. Er ist die ganze Zeit schon da. Er ist auf dem ganzen Weg mitgegangen. Er ist immer da, auch wenn wir ihn nicht sogleich erkennen. Unsere gewohnte Logik funktioniert anders: Entweder ist Jesus da, dann erfahre ich ihn auch. Oder ich erfahre ihn eben nicht, und dann ist er auch nicht da. Geistliches Leben aber hat seine eigene Logik. Es gibt eine verborgene Gegenwart Jesu, für die uns erst die Augen geöffnet werden müssen.

Kleopas und der andere Jünger konnten ihr Leben nicht aus eigener Initiative verändern. Es ist Jesus, der die große Wandlung in ihrem Leben bewirkt hat. Er hat ihnen einen neuen Anfang geschenkt. Aber sie können Jesus nicht festhalten. Sie müssen ihn loslassen. Indem er sich ihnen entzieht, bleibt er auf neue Weise bei ihnen. Davon zeugen ihre offenen Augen und ihr brennendes Herz. Und sie merken, dass sie nicht weglaufen müssen. Sie kehren verwandelt, als neue Menschen nach Jerusalem zurück, in ihren Alltag. Sie haben verstanden: In dem, was wir erlebt haben, war Gott am Werk. Auch in dem, was uns dunkel schien, was wir nicht verstanden haben. Wir dürfen das alles für Gnade halten.

Die Geschichte endet mit einem weiteren Clou. Sie brechen von Emmaus nach Jerusalem auf, um den anderen Jüngern und den Frauen von ihren umwerfend neuen Erfahrungen zu berichten. Aber bevor sie selbst etwas erzählen können, müssen sie zunächst einmal zuhören. Auch diese anderen sind Jesus schon begegnet. Sie haben ihre eigenen, persönlichen Erfahrungen mit Christus gemacht. Der Auferstandene hat viele Wege, sich zu zeigen. Jeden Einzelnen und jede Einzelne rührt er persönlich an. Ich muss Jesus nicht zu anderen Menschen bringen. Er ist schon längst da. Bevor ich von Jesus rede, ist es gut, dass ich anderen Menschen zuhöre, die ihm begegnet sind. Nur gemeinsam entdecken wir seine Spuren in unserem Alltag.

Am Schluss bleibt Dankbarkeit: Ich darf sehr vieles für Gnade halten. Und eine tiefe, ruhige Freude, wenn ich dadurch auf den Geschmack des Lebens komme.

Anmerkungen

1 Brecht, Bertold, Geschichten vom Herrn Keuner, Frankfurt a. M. 1971, 14.

2 Delp, Alfred, Gesammelte Schriften, hg. von Roman Bleistein, Bd. IV, Frankfurt a. M. 1984, 172 (aus einer Meditation zum 3. Adventssonntag).

3 Wenndorff, Dagmar, Als Steine mit mir redeten ... Momentaufnahmen 1991–1996, Neustrelitz 1997^2, 71.

4 Delp, Alfred, Gesammelte Schriften, hg. von Roman Bleistein, Bd. IV, Frankfurt a. M. 1984, 26 (aus einem Brief vom 17. 11. 1944 an Luise Oestreicher).

5 Marianne Williamson in ihrem Buch „Rückkehr zur Liebe. Harmonie, Lebenssinn und Glück durch ‚Ein Kurs im Wundern'", © 1993 Wilhelm Goldmann Verlag, München, in der Verlagsgruppe Random House GmbH (Übersetzung: Susanne Kahn-Ackermann)

6 Im Text selbst heißt es „tut", obwohl vorher die Singular-Anrede steht. Der Lesbarkeit willen wurde der Singular „tu" gewählt.

7 De consideratione ad Eugenium papam, 1. Buch 2f; 6, in: Bernhard von Clairvaux, Sämtliche Werke lateinisch/deutsch, hg. von Gerhard B. Winkler, Bd. I, Innsbruck 1990, 625–841, 631; 633; 641.

8 Guardini, Romano, Stationen und Rückblicke. Berichte über mein Leben, Mainz/Paderborn 1995^2, 20 (R. Guardini, Werke, hg. von Franz Henrich).

9 Siehe Anm. 6.

10 Steffensky, Fulbert, Schwarzbrot-Spiritualität, Stuttgart 2005, 21 f.

11 Bonhoeffer, Dietrich, Widerstand und Ergebung. Briefe und Aufzeichnungen aus der Haft, hg. v. Eberhard Bethge, Gütersloh 1980^{11}, 114 f (aus einem Brief vom 23. 2. 1944 an Eberhard Bethge).

Zum Weiterlesen

- Niklaus Kuster, Franziskus. Rebell und Heiliger, Freiburg/Basel/Wien 2009
- Leonhard Lehmann, Franz von Assisi. Wenn Leben Beten wird, Werl 1998
- Richard Rohr, Vom Glanz des Unscheinbaren. Franziskanische Spiritualität, München 2007
- Anton Rotzetter, Beseeltes Leben. Spiritualität im Alltag, Freiburg/Basel/Wien 2002
- Piet van Breemen, Erfüllt von Gottes Licht. Eine Spiritualität des Alltags, Würzburg 2005
- Fulbert Steffensky, Schwarzbrot-Spiritualität, Stuttgart 2005
- Anselm Grün/Meinrad Dufner, Spiritualität von unten, Münsterschwarzach 2002[8]
- Willi Lambert, Gott umarmt uns durch die Wirklichkeit, Kevelaer 2010
- Hans Schaller, Wie finde ich meinen Weg?, Kevelaer 2009[6]
- Klemens Schaupp, Gott im Leben entdecken. Einführung in die geistliche Begleitung, Würzburg 2011[2]
- Dietrich Bonhoeffer, Gemeinsames Leben, Gütersloh 2006[28]
- Martin Buber, Das dialogische Prinzip, Gütersloh 2002[9]

Abkürzungsverzeichnis

Die Franziskus-Quellen (FQ) sind zitiert nach:
Berg, Dieter/Lehmann, Leonhard (Hg.), Franziskus-Quellen. Die Schriften des heiligen Franziskus, Lebensbeschreibungen, Chroniken und Zeugnisse über ihn und seinen Orden, Kevelaer 2009.

Dabei gelten folgende Abkürzungen:

AP: Johannes von Perugia (Anonymus Perusinus), Über die Anfänge des Ordens
BR: Bullierte Regel
1 C: Thomas von Celano, 1. Lebensbeschreibung (Vita) des heiligen Franziskus
2 C: Thomas von Celano, 2. Vita oder Memoriale
GebKr: Gebet vor dem Kreuzbild von San Damiano
Gef: Dreigefährtenlegende
GrTug: Gruß an die Tugenden
Jord: Jordan von Giano, Chroniken
Leo: Brief an Bruder Leo
LobGott: Lobpreis Gottes
Min: Brief an einen Minister
NbR: Nicht-bullierte Regel
Per: Sammlung von Perugia
Sonn: Sonnengesang
SP: Der große Spiegel der Vollkommenheit
Test: Das große Testament des heiligen Franziskus